ALAIN

SAINT-SAËNS

DANS LA POUSSIÈRE DES SIÈCLES

ROMAN

2021

Published in the United States by The University Press of the South. Printed in France by Monbeaulivre.fr

Alain Saint-Saëns.
Dans la poussière des siècles.
First Edition in French.
190 pages. French Studies Series, 80.
Front Cover Photo: *Vignes du Médoc*. Reproduced with Permission.

1. Novel. 2. France. 3. Sud-Ouest. 4. Civrac, Médoc. 5. History. 6. Genealogy. 7. Francis I of France. 8. Louis XIV of France. 9. Bordeaux. 10. Alain Saint-Saëns.

ISBN: 978-1-952799-42-6 (European Edition, 2021)

INTRODUCTION

Ce que je sais de mes origines se perd dans la poussière des siècles. Passionné dès l'enfance par l'histoire de ma famille, j'ai volontiers prêté une oreille attentive aux discours nostalgiques et autres radotages éculés d'aïeux en fin de vie, conscient déjà qu'ils portaient en eux une clé magique, celle qui me permettrait peut-être de résoudre un puzzle ancien dont trop de pièces avaient été perdues au fil du temps. Oh, il ne s'agissait point ici d'effeuiller l'arbre généalogique de mes ancêtres, non pas, mais bien plutôt de retracer le portrait de quelques figures extraordinaires tirées du néant où l'Histoire les avait plongées. Qu'ils revivent ici en pleine lumière !

Civrac, le 3 mars 2021

À tous les miens,
ceux qui m'ont précédé
et ceux qui suivront.

À la mémoire de Jean et Henriette Champagne,
mon oncle et ma tante,
fiers et actifs habitants de Civrac-en-Médoc
où ils reposent désormais en paix.

À ma Maman,
qui nous a quittés en octobre 2021.
Elle m'avait toujours encouragé à étudier
et à écrire. Qu'elle trouve ici la marque
de mon remerciement le plus profond.

JACOB

Barcelone, 17 novembre 1528.

- Il faut partir, Jacob... Avant qu'il ne soit trop tard...

Jacob Saenz, perdu dans ses pensées, avait écarté les petits rideaux de la fenêtre de la salle à manger du bout des doigts et regardait au dehors sans les voir les passants attardés qui hâtaient le pas sous une neige cotonneuse au croisement des rues Marlet et Saint-Dominique du *Call* de Barcelone, l'ancien quartier juif. La nuit allait tomber, et la pénombre gagnait déjà les renfoncements des lourdes portes qui semblaient se recroqueviller à l'intérieur des murs imposants de pierre grise. Jacob finalement s'emporta :

- Pourquoi partir, Myriam ? Pourquoi ? Après tout, ne suis-je pas Chrétien, fils de Chrétiens et porté sur les fonds baptismaux ? Ce serait par trop injuste ! N'oublie pas que j'ai renoncé à l'âge de dix ans à la foi d'Abraham que professaient nos ancêtres, quand mes parents se sont convertis, contraints et forcés, en mars 1492, afin d'échapper à l'expulsion du Royaume d'Aragon décrétée contre les Juifs par les Rois Catholiques. Que de souffrances nous firent subir Ferdinand, ce maudit chien, commanditaire de l'assassinat de son propre gendre Philippe 1er le Beau, et Isabelle, cette Castillane si condescendante envers sa religion catholique, 'la seule foi qui dût compter', disait-elle ! Comme s'il ne pouvait y avoir qu'un seul chemin pour atteindre Dieu !

Jacob, les poings serrés et les bras ballants, s'était tu. Myriam, l'épouse aimante, la conseillère discrète des bons et des mauvais jours, comprenait la colère sourde qui l'envahissait et qui secouait maintenant de hoquets le grand corps voûté par le poids des ans et par les vexations de toutes sortes encaissées avec amertume. De deux ans plus jeune que lui, elle se souvenait elle aussi des gardes municipaux envahissant le *call* et proclamant l'application immédiate de l'Edit de l'Alhambra du 31 mars 1492 qui ne laissait que six mois aux Juifs du Royaume d'Aragon pour se convertir à la foi chrétienne ou partir. L'alternative était peut-être pire encore que la conversion : elle eût signifié l'obligation de brader tous leurs biens à des voisins trop contents de les escroquer, d'abandonner leur foyer et d'oublier à jamais leur mémoire et leurs attaches, de laisser derrière eux les tombes et les lieux du sacré. Myriam n'avait pas oublié non plus les larmes de sa mère Sarah, rentrée souillée et crottée, la tête basse, après avoir été insultée dans la rue, acculée dans quelque recoin et malmenée par des manants sans vergogne comme une vulgaire fille publique. Son père Samuel était resté silencieux quand il l'avait vue rentrer en si piteux état et lui avait simplement intimé d'aller se laver et de prier.

Le lendemain, il s'était rendu à la première heure à l'épiscopat pour signer les papiers requis par l'Édit et commencer le processus de conversion de la famille Navarro au Christianisme. À son retour chez lui, il avait ordonné à la maisonnée de retirer tout symbole juif des murs ainsi que les *mezuzot* des portes d'entrée. Lui qui aimait tant se rendre à la synagogue les soirs de shabbat et prendre part au *mikveh*, le bain rituel pour l'ablution en compagnie de ses amis d'enfance, avait rejeté en bloc son identité pour tenter de sauver les siens de la ruine ou d'une mort atroce. Les paroissiens ne les accueillirent pourtant point avec sympathie à l'église, quand ils furent autorisés à aller à la messe et à recevoir les sacrements de l'Église Catholique. Ils devaient s'asseoir sur les bancs du fond avec les catéchumènes, et Myriam pouvait sentir les regards pleins de mépris sur eux, quand ils n'étaient pas chargés d'une haine à peine dissimulée. Le lourd silence qui se faisait sur leur passage en disait plus qu'un long discours. Aux yeux de tous, ils étaient et seraient toujours, en dépit de leur conversion publique, 'les Juifs'. Les gamins dans sa propre rue la traitaient de 'sale Juive !' et lui jetaient au visage que son père et tous les siens avaient tué le Christ.

Myriam, qui savait lire, avait dévoré avec intérêt la Bible des Chrétiens, *le Nouveau Testament*, et il lui avait semblé que c'étaient les Romains qui avaient crucifié Jésus sur le Mont Golgotha, et non les Juifs. Elle à qui son père avait appris à déchiffrer et à comprendre la Torah en s'aidant du *yad*, se gaussait intérieurement de ces idiots de Chrétiens sans culture religieuse, tout juste bons à ânonner leurs prières insipides à la gloire de leur Trinité. Comme si Dieu, l'Unique et l'Omniscient, pouvait se partager en plusieurs personnes ! Elle n'aimait rien tant que réciter les Psaumes, s'enivrant des rimes du Roi David, et psalmodier *Le Cantique des Cantiques* du Roi Salomon, se projetant dans un futur où ce serait elle la femme aimée. Quand Samuel, dans sa détermination à oublier son passé, avait voulu détruire le rouleau de la Torah, elle s'était interposée, et du haut de ses huit printemps, l'avait toisé avec colère. Il avait baissé les yeux et était sorti de la pièce sans dire un mot, lui abandonnant le précieux parchemin, symbole de l'existence même du peuple juif. 'Voici, je viens avec le rouleau du livre écrit pour moi' (*Psaume* 40,7), se souvint-elle avec nostalgie. Elle l'avait caché dans la remise au fond du jardin et chaque vendredi, en secret, elle le parcourait, les larmes aux yeux, tentant de maintenir vivantes des bribes de sa foi passée. Sarah, sa mère, l'accompagnait et tentait de trouver dans les textes sacrés un sens à l'abomination qu'elle avait dû subir.

Son père ne se joignit jamais à elles. Il avait décidé d'être Chrétien, et Chrétien il était. Il avait obtenu de servir la messe comme acolyte aux côtés du curé de la paroisse, et l'épiscopat le citait même en exemple de bon Juif converti. Myriam admirait ses efforts d'intégration et, en même temps, avait honte pour lui. Comment avait-il pu renier son héritage, l'histoire de sa famille qu'il comptait avec tant de ferveur naguère lors de chaque dîner de Shabbat le vendredi soir? Comment pouvait-il pactiser avec ceux qui avaient massacré ses ancêtres lors de la révolte anti-juive de 1391 de sinistre mémoire ? Les femmes violées sans pitié, les enfants coupés en morceaux et dévorés par les cerbères, les hommes émasculés et énucléés devant leurs femmes puis brûlés vifs, tous ces malheureux ne comptaient donc plus pour lui ?

Quand elle eut vingt-quatre ans, on la maria avec le fils d'un autre Juif converti, Jacob Saenz, un prospère négociant en vins, épices et peaux, qui était cultivé et ouvert au monde. Il offrait de plus toutes garanties d'être un bon Chrétien, et les deux familles Navarro et Saenz, qui faisaient le dos rond depuis dix ans pour se faire oublier, s'entendirent sur le montant de la dot à verser. Ce n'était certes pas le mariage d'amour dont

Myriam avait rêvé étant enfant, mais Jacob lui avait montré tellement de tendresse durant leur nuit de noces, lui murmurant à l'oreille le passage du *Cantique des Cantiques*, 4-5 : 'Tes seins sont comme deux faons, jumeaux d'une gazelle', qu'elle s'était peu à peu amourachée de lui. Elle avait introduit subrepticement le rouleau de la Torah dans sa nouvelle maison et ne le consultait que lorsque son mari s'absentait. Inquiets du contexte religieux, ils attendirent avant d'avoir leur premier enfant, Lazare, en 1513. Puis les couches se succédèrent à intervalles plus réguliers, et Myriam donna naissance à deux autres garçons, Bartolomé en 1516, et le petit dernier, Moïse, en 1518. Tous furent dûment baptisés dans la Cathédrale gothique de la Sainte-Croix et de Sainte Eulalie. À bien des égards, la famille de Jacob et Myriam Saenz était plus chrétienne que nombre de pseudo Chrétiens qui n'allaient à la messe qu'à Pâques et à Noël et encore, et se montraient toujours prêts à taquiner la gueuse et à s'enivrer dans les tavernes du Diable.

Le soir du 3 mars 1523, on appela Myriam au chevet de son vieux père, resté veuf après le décès précoce de sa mère jamais vraiment remise de l'outrage à sa vertu de femme honnête et mariée. Au plus mal après une attaque dans l'après-midi, Samuel Navarro avait demandé à la voir. D'un faible geste de la main, il pria les pleureuses de service de bien vouloir les laisser seuls.

- Je vais mourir, Myriam. Le moment est venu de nous dire adieu.

Le cœur de Myriam se mit à battre à tout rompre : au lieu de s'exprimer en catalan, son père lui avait parlé en ladino, la langue espagnole mâtinée d'hébreu que les Juifs utilisaient entre eux avant l'Expulsion ! Samuel la regardait avec amour, un fin sourire sur ses lèvres exsangues. Il comprenait la surprise de sa fille et il n'était pas peu fier de son effet, ultime et maigre revanche sur les déboires d'une bien pénible vie.

- Il le fallait, Myriam. Ils nous auraient spoliés, peut-être même massacrés, si je n'avais pas joué leur jeu. Ces Chrétiens sont de tristes sires sans miséricorde. Pour eux, un bon Juif est un Juif mort. J'ai accepté d'être leur bouffon, pour que ta mère et toi pussiez survivre dignement sans être agressées de nouveau, comme ta pauvre Maman le fut... Ma Sarah, que Dieu ait son âme...

Samuel s'était assis sur son lit, tremblant de rage, tout trempé de sueur.

- Calme-toi, Papa... Je sais, tu l'as fait pour nous... Je t'en serai à jamais reconnaissante.

- Méfie-toi des Chrétiens, ma fille, reprit le vieil agonisant. Ils ne nous considèrent point comme des égaux, en dépit de notre conversion. Nous ne sommes, à leurs yeux, que de Nouveaux Chrétiens, par opposition aux Vieux Chrétiens, ceux dont la foi catholique remontent à des temps immémoriaux ; eux, si, ont droit à tous les égards. Je suis très inquiet, Myriam... Nous entrons dans des temps agités. J'ai entendu parler par mes associés de retour d'un voyage d'affaires dans la lointaine Norvège septentrionale, d'un certain moine allemand nommé Martin Luther qui aurait rejeté devant l'Empereur Charles-Quint à la Diète de Worms en 1521 le pouvoir du Pape et de l'Église pour créer une religion chrétienne réformée, et qui entendrait aussi convertir tous les Juifs au Christianisme. Cela ne présage rien de bon, Myriam. Lors de tumultes religieux, les premiers persécutés, comme tu le sais d'expérience, sont toujours les gens de notre peuple. Le Tribunal de l'Inquisition de Castille et d'Aragon ne demanderait pas mieux que de nous brûler tous en place publique. Je ne voudrais pas que ma fille chérie et mes petits-fils tant adorés partent en fumée dans d'atroces souffrances...

Myriam fut parcourue d'un frisson à la pensée de l'auto-da-fé dantesque qui emporterait la chair de sa chair. Elle comprenait ce que son père voulait lui faire entendre à demi-mots. La tâche s'annonçait rude : cela ne lui serait pas facile de convaincre Jacob, pensait-elle. Son époux avait rejeté avec mépris ses racines juives, et il s'affirmait Chrétien avec une grande force de conviction. À l'occasion, il se moquait même ouvertement des Juifs et s'affichait volontiers anti-Juif et antisémite, sans se rendre compte que les Vieux

Chrétiens le méprisaient tout autant, doutant de son zèle.

Samuel Navarro serra plus fort la main de sa fille. Le temps lui était désormais compté:

- Tu m'enterreras en terre chrétienne aux côtés de ta mère avec force ostentation et tu feras dire des messes pour le salut de mon âme en la Cathédrale. Tu organiseras une neuvaine dans ma maison, où tu inviteras les figures catholiques les plus marquantes de Barcelone. Cela te permettra de gagner du temps…

Samuel se tut un instant et reprit :

- Maintenant, tu vas dire le *Kaddish* pour moi. Je veux l'entendre avant de partir, 'afin que je sois sanctifié au milieu des Enfants d'Israël'.

Les yeux brouillés de larmes, Myriam commença la récitation en hébreu : 'Magnifié et sanctifié soit le Grand Nom…'. Le visage de Samuel était illuminé d'une vive lumière intérieure, comme s'il avait enfin trouvé la paix après tant d'années d'errance spirituelle. Quand sa fille acheva la prière, il entonna le *Shema Yisrael* d'une voix redevenue jeune et puissante : 'Écoute, Israël, l'Éternel est notre Dieu, l'Éternel est Un'. Il s'interrompit, laissa échapper de ses lèvres un faible 'Me voilà, Sarah', et rendit son dernier souffle.

Oui, il leur fallait partir, et au plus vite, songea Myriam en contemplant avec une tendresse renouvelée son Jacob à la fenêtre, quitter Barcelone et s'enfuir loin, très loin vers un lieu où les *Conversos* ne risqueraient point d'être arrêtés sans raison par le Tribunal du Saint-Office et condamnés pour le simple fait d'être nés Juifs.

- Je crois que tu as raison, tu sais, Myriam, même si j'ai du mal à l'admettre.

Jacob avait quitté son point d'observation sur la rue et s'était assis dans un large fauteuil recouvert de velours marron auprès de son épouse qui cousait un napperon. Il se pencha vers elle et lui prit la main :

- Il ne m'a pas échappé ces derniers temps que la situation des Nouveaux Chrétiens était de plus en plus inconfortable. L'Inquisition resserre son étau sur nous, ce me semble. À chaque fois, elle s'empresse de confisquer tous les biens de l'accusé d'abord, et ce, avant même de le juger ; bien peu peuvent se targuer ensuite de s'être tirés indemnes de ses griffes. À Valence, cinq *Conversos* ont été brûlés vifs récemment pour avoir, paraît-il, judaïsé en cachette dans leur maison. Les fous célébraient le Shabbat le vendredi soir et ils avaient même l'outrecuidance de lire le rouleau de la Torah !

Myriam blêmit et se mordit la lèvre. Elle s'en voulait maintenant d'avoir mis la vie des siens en danger. Et si une servante ou le jardinier venait à la dénoncer ? Conscient de son trouble, Jacob relâcha la pression sur la main de son aimée, mais n'en continua pas moins sur sa lancée :

- Je ne pense pas que ce serait une bonne chose d'émigrer en terre d'Islam, que ce soit à Istambul, capitale du Califat ottoman, ou bien au Royaume de Fès, de l'autre côté de la Méditerranée. Bien que les Musulmans traitent avec décence et une certaine magnanimité les Gens du Livre, comme ils appellent les Juifs et les Chrétiens, nous deviendrions des Renégats aux yeux de la Chrétienté du monde occidental. Si d'aventure je venais à être capturé sur un bateau de commerce maure, je serais sûrement condamné aux galères à vie, ce qui équivaudrait à une mort certaine en quelques mois pour moi.

- Jacob, tu as toujours été bon envers moi depuis notre mariage. Tu m'as donné trois beaux garçons et tu m'as traitée avec beaucoup de tendresse dans ton lit et dans ta maison. Je ne veux pas te perdre... Mais où pouvons-nous aller pour échapper à un destin funeste ? As-tu quelque idée en tête déjà ? Quoi que tu décides, sache que je t'appuierai, et que nous te suivrons, tous les quatre, où que tu ailles.

- Myriam, très chère épouse qui m'a rendu plus heureux qu'aucun homme ne pourra jamais l'être, je reconnais bien là ton dévouement indéfectible à ta famille ! Je me garderai bien de mettre en danger ceux que je chéris plus que la prunelle de mes propres yeux et, s'il le fallait, je me jetterais dans les flammes du bûcher de la Géhenne pour vous épargner un tel tourment. J'ai effectivement réfléchi à l'endroit où nous pourrions aller nous établir, et mon choix s'est porté sur la Guyenne, une province du Sud-Ouest du Royaume de

France, qui était il n'y a pas si longtemps encore anglaise. Le port fluvial prospère de Bordeaux, proche de l'Océan Atlantique, en est la capitale. J'y ai de lointains cousins établis depuis l'Expulsion; ils m'ont fait savoir que nous serions bien accueillis dans la communauté des Nouveaux Chrétiens. En France, bien heureusement, ne sévit point un Tribunal d'Inquisition aussi puissant et meurtrier que celui à l'œuvre dans les Royaumes de Castille et d'Aragon. Je pourrai, au moyen de lettres de change, déplacer la plus grande partie de notre fortune, et n'aurai point de difficulté à continuer à commercer avec le Levant et l'Italie, mais aussi à m'orienter vers de nouvelles directions, à savoir l'Angleterre et l'Écosse d'une part, et la Ligue Hanséatique, l'association des villes marchandes de l'Europe du Nord, d'autre part. Mon réseau de commerçants, comme tu le sais, est vaste et s'étire jusqu'à Novgorod dans le Grand Duché de Moscou. Quant à notre maison de Barcelone et nos terres en Aragon, j'avais pensé te proposer de les laisser aux bons soins de ton frère David et de son épouse Esther. Ils sauront, je crois, les administrer comme il convient.

- Je me réjouis de tes aimables dispositions, mon cher époux, et, à t'écouter, grande envie me vient de découvrir cette ville de Bordeaux qui pourrait devenir notre nouveau havre de paix. Mais qu'en sera-t-il des autorités religieuses ici ? Penses-tu qu'elles nous laisseront partir sans faire de difficultés ?

- Je vais demander dès demain audience au Cardinal Archevêque Silvio Passerini, Myriam. C'est un prélat florentin éclairé, qui m'a pris dès son arrivée sur le siège épiscopal il y a trois ans sous son aile protectrice. J'ai confiance en lui, il saura me conseiller.

- Que Dieu t'entende, Jacob, et t'apporte son aide dans nos projets. Je serai heureuse un jour de ne plus avoir à vivre avec une épée de Damoclès au-dessus de nos têtes... Mais il se fait tard, mon ami, et tu dois avoir faim après cette longue tournée de travail ! Je vais nous faire servir un souper léger dans nos appartements privés et te préparer un bon bain chaud qui te revigorera avant de gagner le lit conjugal où je te rejoindrai bien vite.

Pour l'instant, s'il te plait, ne fais pas se morfondre plus longtemps nos enfants qui t'attendent sans doute avec impatience dans leur chambre pour réciter le *Pater Noster* et l'*Ave Maria* avec toi. Tu sais combien notre petit Moïse aime à te lire des passages choisis du *Nouveau Testament*; quant à Lazare et Bartolomé, ils ne seront sûrement pas en reste pour te prier de leur conter quelque histoire guerrière de l'*Ancien Testament* !

Barcelone, 10 décembre 1528.

Jacob entra dans le salon d'apparat du Palais Épiscopal qui menait au bureau de l'Archevêque Cardinal de Barcelone Silvio Passerini. Un épais tapis de laine étouffait le bruit de ses pas. Les colonnes salomoniques adossées aux murs s'élevaient, harmonieuses et torsadées, vers le plafond rectangulaire et plat, décoré entièrement d'une fresque mythologique. Jacob ne put s'empêcher de lever la tête et d'admirer la beauté et la sérénité qui se dégageaient de la scène pastorale.

- Francesco Ubertini, dit Le Bacchiacca, jeune peintre de Florence, qui fit son apprentissage auprès du grand Pérugin. Il a beaucoup de talent, n'est-ce pas, mon ami ? L'archevêque s'était approché en silence et avait surpris Jacob dans sa contemplation. Celui s'empressa de faire la révérence et d'embrasser l'anneau à la main droite que lui tendait le prélat.

- Laissez-moi vous expliquer, Jacob, le pourquoi de cette fresque qui semblait vous fasciner. J'avais eu l'occasion d'admirer en 1523 le travail méticuleux de Francesco Ubertini en collaboration avec le peintre Andrea del Sarto, dans la maison d'un riche marchand de Florence de mes amis, Giovanni Benintendi. Je l'invitai à m'accompagner à Barcelone peu à près mon élection au siège épiscopal de notre ville, lors d'un de mes séjours dans la cité, et l'envie me vint de donner plus belle allure au plafond de ce grand salon. Certes, Le Bacchiacca, comme on le surnomme, n'a pas le génie d'un Sandro Boticelli que j'ai connu à l'automne de sa vie dans les années 1490, quand il était déjà un fervent admirateur du Dominicain exalté Jérôme Savonarole.

Cet artiste, inoubliable ne serait-ce que pour son *Adoration des Mages* ou sa peinture allégorique, *Le Printemps,* ami du grand Laurent de Médicis Le Magnifique, en vint à sacrifier sur le Bûcher des Vanités en 1497, quelques-unes de ses plus belles peintures, durant la 'République chrétienne et religieuse' que le moinillon Savonarole instaura à Florence pendant près de cinq ans, avant d'être finalement étranglé et réduit en cendres sur le bûcher de l'Inquisition en 1498.

- Je constate, Monseigneur, que l'Inquisition ne sévit pas que dans les Royaumes d'Aragon et de Castille.

- Mon cher Jacob, le Tribunal de l'Inquisition, vous me l'accorderez, est aujourd'hui un mal nécessaire. Les hérétiques ne manquent point, qui, de Savonarole à Martin Luther, bafouent ouvertement l'autorité du Saint-Père, piétinent les enseignements de l'Église, et induisent en erreur par leur mauvais exemple la cohorte des simples fidèles. Qui viendra jamais narrer les excès de Jérôme Savonarole qui ont fait tant de mal à Florence et à mes amis Médicis ? Jusqu'où fût-il allé sans l'intervention de l'Inquisition ? De même, je regrette pour ma part que l'Empereur Charles-Quint, noble chevalier s'il en fut, ait tenu à respecter la parole donnée au blasphémateur Luther qui sortit libre et vivant de Worms, après avoir proféré des propos diaboliques, au lieu de le faire arrêter et juger par le Tribunal du Saint-Office. L'Allemagne est à feu et à sang aujourd'hui à cause de la prédication de ce foutu défroqué.

Alors oui, Jacob, il est bon que les ferments d'hérésie, quelle que soit la forme que celle-ci ne prenne, soient extirpés sous l'usage de la question ou par la menace ultime de l'auto-da-fé. Il nous faut suivre le chemin lumineux tracé par les Rois Catholiques d'auguste mémoire et par le Grand Inquisiteur Thomas de Torquemada, confesseur de la Reine et Premier Inquisiteur Général d'Aragon et de Castille, 'le marteau des hérétiques, la foudre de l'Espagne, le protecteur de son pays, l'honneur de son ordre', comme le qualifiait le chroniqueur Sébastien de Olmedo !

- Certes, l'on ne peut que s'extasier devant œuvre si pieuse, Monseigneur, mais ne croyez-vous pas que la

Sainte Église Catholique devrait s'appuyer davantage sur les Nouveaux Chrétiens, ces jeunes pousses du Christianisme désireuses de redonner une nouvelle vigueur, un nouvel élan à notre foi ?

- Pour un Jacob Saenz, fervent converti et pur Catholique, comme je peux dûment l'attester, combien d'hypocrites, combien de relapses et combien de judaïsants, qui tous moquent les saints sacrements et se rient de notre Trinité ? C'est une chose que d'étudier les textes hébraïques comme nous le faisons ensemble, marchant ainsi sur les traces de Pic de la Mirandole, humaniste syncrétiste que j'eus l'honneur de connaître à la Cour de Laurent de Médicis peu avant sa mort, et qui maîtrisait l'hébreu et l'arabe, en plus du grec et du latin ; c'en est une autre que d'étudier la Torah et le Pentateuque dans le seul but de conserver les pratiques et les rites condamnés du Judaïsme. L'Église se doit d'être d'autant plus exigeante avec les *Conversos*, ou bien demain, les mécréants dans leurs rangs viendront pervertir jusqu'aux Vieux Chrétiens !

- Je ne peux qu'être d'accord avec Votre Excellence. Le Judaïsme représente une page de l'histoire religieuse périmée qui a été tournée avec la venue du Fils de Dieu, Notre Seigneur sur la terre, et son sacrifice sur la Croix pour la rédemption de nos péchés. Seuls le baptême, la Grâce de Dieu et nos bonnes œuvres pourront nous faire gagner un jour le Paradis, où siègent Dieu le Père, Dieu le Fils, le Saint-Esprit, et la Vierge Marie, Immaculée sans péché.

- Exactement, Jacob, je n'aurais pas pu mieux dire, et je vous félicite de votre parfaite connaissance du catéchisme. Mais venons-en au but même de votre visite. Comment puis-je vous venir en aide, mon cher frère en Dieu ?

- Mes affaires, Votre Excellence, m'orientent chaque jour davantage vers l'Océan Atlantique et la Mer du Nord. Il conviendrait donc que je m'installe à mi-chemin entre la Mer Méditerranée et l'Europe Septentrionale. J'ai jeté dans cette perspective mon dévolu sur la ville de Bordeaux en Guyenne dans le Royaume de France, et je souhaitais obtenir votre bénédiction pour ce projet qui me tient à cœur et, peut-être, si ce n'était trop vous demander, une lettre de recommandation de votre part qui pût me permettre de me présenter à l'Archevêque de Bordeaux.

- Je ne vous cache pas que je vous regretterai, Jacob, car vous étiez de bon conseil, et j'appréciais votre enseignement didactique de la langue hébraïque. Je ne peux évidemment point m'opposer au développement de votre négoce, car vous avez aussi aidé l'évêché, lorsque j'ai fait appel à votre générosité proverbiale. Je me ferai un plaisir d'écrire une lettre très favorable à l'attention de mon confrère Archevêque de Bordeaux, dans laquelle je vanterai la solidité rayonnante de votre foi catholique et ce que vous pouvez apporter à l'Église de Guyenne. La France, comme l'Allemagne, est menacée par les Protestants, et nous avons grand besoin de confesseurs de la foi de votre stature pour leur tenir tête. Partez tranquille, mon cher ami, ma parole vous vaudra sésame pour être le bienvenu au Royaume de France.

- Votre Excellence est trop bonne. La préparation de mon départ devrait me prendre encore deux à trois mois. Je ne manquerai pas de venir vous saluer avant de quitter non sans tristesse notre cher Royaume d'Aragon.
L'Archevêque lui prit les mains et ajouta avec une pointe de malice dans les yeux :
- Ah, Jacob, pensez à m'amener aussi le rouleau de la Torah que votre épouse Myriam conserve sans doute comme simple relique dans un placard en souvenir de son père Samuel, dans la remise de votre jardin. Je ne voudrais pas qu'il n'aille tomber en des mains peu amènes qui pourraient chercher à vous nuire et vouloir vous mener droit au bûcher. Je le garderai au sein de ma collection de livres hébraïques, et, fort de l'enseignement linguistique que vous m'avez prodigué durant trois ans, je m'efforcerai de comprendre le sens du Judaïsme pour mieux le combattre.
- Il sera fait comme vous le désirez, Votre Excellence. Je l'eusse certes arraché à mon épouse pour le détruire immédiatement, quand bien même j'ignorais jusqu'à son existence. Je préfère de loin le savoir dans votre

bibliothèque, et je me réjouis par avance qu'il puisse venir renforcer la foi que nous partageons.
Mais il se fait tard, et je ne voudrais pas abuser du temps précieux de Votre Excellence, conclut Jacob en s'inclinant. L'Archevêque Silvio Passerini le regarda avec affection et le bénit :
- Relevez-vous, mon cher ami. Je suis et serai toujours votre obligé. Allez dans la paix du Christ maintenant !

Barcelone, 18 juin 1529.
- Madame Myriam, Monsieur Jacob vient d'arriver de France. Il vous attend au salon. Venez, vite !
Myriam qui taillait les rosiers de son jardin par un bel après-midi d'été en laissa tomber son sécateur de joie et remercia Dieu. Elle rangea ses outils et se lava les mains au robinet de la remise, puis elle prit le temps de s'apprêter un peu et d'arranger ses mèches de cheveux rebelles. Elle entendait bien se montrer à son époux sous son plus beau jour. Cinq long mois déjà que Jacob était parti avec Lazare, leur fils aîné âgé maintenant de dix-sept ans. C'était le premier voyage à l'étranger du

jeune homme, et Myriam avait cruellement souffert de l'éloignement de son fils. Jacob avait bien fait parvenir une lettre au bout de deux mois, et un Barcelonais qui l'avait rencontré à Bordeaux était même venu apporter quelques instructions supplémentaires à Myriam pour qu'elle préparât au mieux leur départ à l'été. Pourtant, elle avait trouvé le temps long.

- Maman ! Ma petite Maman !

L'entrée de Myriam dans la maison fut saluée par Lazare qui se jeta dans ses bras.

- Tu m'as beaucoup manqué, mon fils chéri. Mais que tu as grandi ! Tu es un homme maintenant !

Moïse, en gamin espiègle, se mêla à la conversation :

- Regarde, Maman, il a même de la barbe !

Quelques poils étaient venus en effet orner le menton de Lazare et lui donnaient l'air élégant d'un jeune prince florentin peint par Raphaël.

Jacob s'approcha et prit son épouse dans ses bras. Il la serra tendrement contre son cœur et lui murmura à l'oreille qu'elle lui avait beaucoup manqué. Bartolomé, silencieux, vint enlacer son père et sa mère. Jacob lui donna l'accolade et l'embrassa sur le haut du crâne.

- Mon cher fils, as-tu bien étudié avec tes professeurs ? As-tu fait des progrès dans l'art des Mathématiques ? Penses-tu toujours t'orienter vers la Faculté des Arts et devenir un grand juriste ensuite? La ville où nous allons vivre compte l'une des plus prestigieuses universités du Royaume de France fondée par l'Archevêque de Bordeaux Pey Berland au XVe siècle. Sans rivaliser encore avec celle de Toulouse, l'une des premières établies en Europe au XIIIe siècle, elle tient son rang.

Lazare, qui avait sorti ses cadeaux pour sa mère et ses frères, revendiqua l'attention de tous :

- Maman, nous t'avons ramené de Lyon où nous sommes passés à l'aller une nappe brodée. Regarde !

Myriam étala la nappe sur la table de la salle à manger pour mieux l'admirer. Ornée de perles, tissée de fils d'or et d'argent, elle dessinait de magnifiques arabesques. Moïse s'extasia :

- Maman, elle est si belle ! Tu crois que l'on pourra quand même manger dessus ?

Myriam, émue, se mit à rire :

- Mais bien sûr, Moïse, dès dimanche prochain, au retour de la messe. Bon maintenant, j'aimerais que Papa et toi, Lazare, me racontiez votre voyage. Je suis tellement impatiente de savoir ce qui vous est arrivé pendant ces si longs mois d'absence.

Jacob retira son manteau et s'installa dans son fauteuil. Myriam s'assit sur le bras du siège et les enfants firent cercle en silence autour de leur père.

- Je t'apporte de bonnes nouvelles, ma chère épouse. Je nous ai acheté une maison de plain-pied à deux étages en pierres jaunes de taille avec un jardin intérieur dans la rue de Cadaujac. Celle-ci donne d'un côté sur un ruisseau, la Devèse, et l'église de Saint-Martin, de l'autre, sur la rue des Trois-Conils et l'église Notre-Dame de la Place, où nous irons à la messe. Beaucoup de Nouveaux Chrétiens y habitent. Vous ne serez pas dépaysés, car nous avons rencontré nombre de Castillans et de Portugais, qui forment ce que les Bordelais appellent 'la colonie portugaise'. À quelques pâtés de maison, une famille aragonaise d'origine juive, partie au moment de l'Expulsion, sera heureuse de vous accueillir à votre arrivée et de vous aider à vous orienter au début. Notre quartier se raccroche au noyau de la ville par la Porte Digeus, la 'Porte des Juifs'. J'ai été frappé par la bonne entente à tout le moins apparente entre Vieux Chrétiens, Nouveaux Chrétiens et même Juifs qui pratiquent leur religion au vu et au su de tout le monde. Je n'ai pas entendu d'insultes voler. Le Roi de France, François 1er, est très favorable à l'arrivée et à l'enracinement de familles comme la nôtre, pour autant qu'elles acceptent et respectent les lois du Royaume et cherchent à s'intégrer.

Myriam, qui avait froncé les sourcils, demanda avec inquiétude :

- Et l'on ne brûle pas les Juifs ou les Nouveaux Chrétiens dans cette ville de Bordeaux ?

Jacob, qui s'attendait à cette question, y répondit franchement :

- Je crois que c'est dans leur intérêt de ne pas provoquer les autorités religieuses catholiques locales, ni les autorités municipales et provinciales, et d'afficher un profil bas. À Toulouse justement, une famille juive il n'y a pas si longtemps en 1512 fut brûlée sur le bûcher. Nous, nous sommes Chrétiens et nous le resterons. Seul le temps dira si nous pourrons échapper aux persécutions qui ont décimé nos ancêtres. Il nous faut avoir, Myriam, une attitude positive. Nous allons tous apprendre le français, une belle langue chantante, proche du castillan et de l'italien. D'ici à deux ou trois ans, j'espère que l'on nous aura acceptés. Alors pourrons-nous même penser à être naturalisés Français.

- Peut-être que je me marierai avec une Française et pas avec une Juive ou une convertie, dit Moïse qui paraissait avoir compris la portée des paroles de son père.

- Nous te trouverons une épouse bonne et serviable, Moïse, comme ta Maman l'a toujours été pour moi, lui répondit Jacob en prenant les mains de son aimée dans les siennes.

- Il faudra qu'elle soit aussi jolie que Maman, reprit Moïse en éclatant de rire.

- À la bonne heure, conclut le père, ravi de voir ses fils tirer déjà des projets sur la comète. Il ne doutait point qu'ils parviendraient à s'assimiler. Ils étaient jeunes et mordraient à belles dents dans la vie. Il était plus inquiet, en revanche, en ce qui concernait Myriam qu'il savait déchirée entre l'héritage juif de ses pères et sa situation familiale de Nouvelle Chrétienne. En l'associant davantage à ses bonnes œuvres, il se faisait fort de la gagner enfin à la foi catholique ardente qui était la sienne.

- Ce voyage ne t'a pas donné faim, Papa ? demanda Moïse qui avait bien remarqué les pâtés en croûte et autres gâteaux que son père et son frère avaient rapportés. Tous rirent de bon cœur à l'assertion de l'enfant, et l'entourant avec affection, se levèrent en direction de la salle à manger. Myriam retint Jacob un instant par le bras dans le salon et, se blottissant dans ses bras, l'embrassa tendrement en lui caressant le visage.

- Mon cher époux, si généreux toujours avec nous ! Que Dieu te bénisse et t'entende surtout…

- Ne t'inquiète pas, Myriam, tout se passera bien. Nous serons, je crois, très heureux dans notre nouvel univers.

Je vais d'ailleurs te demander de me seconder dans mes affaires. J'ai grand besoin de tes conseils et de ta modération à mes côtés. Voudrais-tu m'épauler et m'apporter la sagesse des femmes de notre peuple ?

Bordeaux, 17 septembre 1530.

Une petite pluie fine et glaciale fouetta le visage de Jacob Saenz engoncé dans son manteau de peau d'ours remonté jusqu'aux oreilles, lorsqu'il s'engagea sur le parvis de la Cathédrale Saint-André. L'Archevêque de Bordeaux Charles de Gramont, élu sur le siège depuis début mars de la même année, lui avait donné rendez-vous à l'entrée par le Portail Royal. Jacob l'avait contacté une dizaine de jours plus tôt pour se présenter et lui remettre la lettre de l'Archevêque de Barcelone Silvio Passerini, dont il avait appris la mort subite à la fin de l'année 1529.

Jacob pria pour le salut de son âme, car il avait beaucoup d'estime pour l'homme de la Renaissance qu'il avait été et parce qu'il lui devait aussi une fière chandelle. Jacob avait expliqué à Myriam avant de quitter Barcelone que les autorités religieuses de la cité étaient au courant de l'existence de son rouleau de la Torah, mais que l'Archevêque, par amitié pour lui, avait décidé de fermer les yeux. Myriam avait pleuré de manière déchirante quand Jacob lui avait demandé de lui remettre le précieux livre saint, l'implorant vainement. Jacob savait la douleur qu'il lui causait ce faisant, mais il y allait de leurs vies à tous.

Meurtrie, elle se montra froide et distante pendant plus d'un mois, allant jusqu'à lui refuser l'accès de son corps dans le lit conjugal. Jacob choisit de laisser passer l'orage, comptant sur le temps pour atténuer la douleur de son épouse qui lui reprochait sans le dire l'abandon de la foi de ses ancêtres. Elle aurait voulu continuer à feindre de croire en la religion catholique ; il exigeait d'elle maintenant, par respect pour ses fils et son époux, qu'elle rompît avec son crypto-Judaïsme.

Le voyage long et éreintant qui les vit passer par Narbonne puis Toulouse avant de rallier Bordeaux, atténua la peine de Myriam qui, un soir, à une halte d'auberge, l'embrassa avec fougue et se donna à lui. Elle pouffa de rire lorsqu'il lui dit qu'elle était sa Juive préférée et elle lui mordit la lèvre pour se venger. Ils s'aimèrent toute la nuit comme deux jouvenceaux. Un mois plus tard, elle lui annonça qu'elle était enceinte. Myriam mit au monde au printemps 1530, dans sa maison de la Rue Cadaujac, une petite Bordelaise toute menue et goulue qu'ils nommèrent Marguerite en l'honneur de la 'Perle des Valois', Marguerite d'Angoulême, la sœur du Roi François 1er.

- Ah, vous voilà, Jacob Saenz ! L'on m'avait donné une bonne description de vous. Il fait frisquet ce matin, n'est-ce pas ? Vous vous habituerez peu à peu au temps humide de Bordeaux, dû à l'influence maritime proche. Je suis l'Archevêque Charles de Gramont. Le curé de votre paroisse Notre-Dame de la Place m'a beaucoup parlé de vous, et de comment votre épouse Myriam et vous-même aidez les pauvres du quartier et vous occupez de l'orphelinat d'enfants abandonnés sur les parvis des églises de la ville. Vos bonnes œuvres vous grandissent comme homme et comme Chrétien et vous vaudront la faveur divine. Puissent toutes les familles de la ville suivre votre exemple de charité ! Je suis enchanté de faire votre connaissance. Venez, ne restons pas ici, nous pourrions attraper froid. Allons à la sacristie, où je nous ai fait préparer une petite collation. Nous allons boire un bon vin chaud qui nous réchauffera le corps et stimulera l'esprit !

Enfoncé confortablement dans son fauteuil, une couverture sur les genoux, l'Archevêque prit le temps de lire attentivement la missive en latin de son confrère défunt de Barcelone, tout en sirotant sa boisson fumante par petites rasades. Jacob, à ses côtés, restait silencieux, anxieux de sa réaction. Et si le soutien de Monseigneur Silvio avait été plus tiède qu'espéré ? Peut-être que le cas complexe et ambigu de Myriam avait refroidi son désir de l'aider.

- C'est ma foi une belle lettre que Monseigneur Silvio Passerini vous a écrite, Jacob, et, pour tout dire, elle ne me surprend pas le moins du monde. J'ai toujours pensé, en tant que prêtre et humaniste, qu'il fallait croire en la conversion d'un païen ou d'un Juif au Christianisme et l'encourager, le soutenir par une démonstration de totale confiance. Je ne partage point la vision résolument négative de mes frères Dominicains en charge du Tribunal du Saint-Office de l'autre côté des Pyrénées, pour qui un *Converso* n'est seulement qu'un Juif qui se cache pour continuer à pratiquer sa foi diabolique. Pourquoi diantre obliger à la conversion si l'on ne croit pas à son efficacité ? Cela n'a pas de sens !

L'approche de notre bon Roi Très Chrétien François 1er me semble plus cohérente, qui n'entend pas poursuivre les convertis pour ce qu'ils furent et ne sont plus, mais au contraire, souhaite les inviter à s'insérer et à développer son Royaume de France. Et puis, le danger, si danger il y a, à mon avis, viendra plutôt des adeptes de cette Religion Prétendue Réformée qui suivent les enseignements néfastes et impies du moine augustin Martin Luther dans l'Empire. Le Roi a choisi, lui, de favoriser les protégés de sa sœur, Marguerite d'Angoulême, les Évangélistes du Cénacle de Meaux créé par mon ami Jacques Lefèvre d'Étaples, qui a traduit en français le Nouveau Testament en 1523, puis l'Ancien Testament en 1528. L'on m'a dit que vous avez appelé votre petite fille Marguerite, et vous avez fort bien fait, Jacob, car la sœur du Roi est une personne de qualité, protectrice des arts et des lettres, qu'il nous faut louer et émuler.

Monseigneur Passerini me mentionnait encore votre profonde connaissance de la langue hébraïque. Je l'ai aussi étudiée dans ma jeunesse avec des rabbins juifs qui avaient fui la Castille en 1492. Il faudra, mon ami, si vous le voulez bien, que nous comparions le texte hébreu de l'*Ancien Testament* avec celui de la traduction de Lefèvre d'Étaples, et que nous étudiions ensemble le *Talmud*. Mon ami Lefèvre et moi professons une grande admiration pour le livre de l'humaniste allemand Johannes Reuchlin, *Le reflet des yeux*, de 1511, dans lequel Reuchlin défendit son point de vue contre Johannes Pfefferkorn, un *Converso* borné et stupide violemment anti-juif, et contre les Dominicains bien sûr, de ne point détruire les livres juifs. Le Pape Léon X d'auguste mémoire lui donna raison en affirmant que l'on ne trouverait rien dans le *Talmud* qui ne fût contraire au Christianisme. Nous chercherons ensemble dans ce livre mais aussi dans la *Guemara*, ce commentaire de la *Mishna*, et dans le *Zohar*, commentaire du Pentateuque écrit, lui, en araméen, langue de la Palestine au temps de la venue du Sauveur, les signes avant-coureurs, annonciateurs de la naissance et de la victoire du message de Notre Seigneur Jésus-Christ, le Fils de Dieu.

Jacob acquiesça du chef. Il parlait assez bien le français qu'il avait appris d'arrache-pied à son arrivée à Bordeaux. Il savait pertinemment en effet que son assimilation passerait par la maîtrise totale de la langue du pays. Mais il ne voulait pas interrompre le monologue de l'Archevêque de Bordeaux qui lui montrait une oreille favorable. Le négoce aux quatre coins de l'Europe avec des commerçants s'exprimant dans des langues qu'il ne connaissait point lui avait enseigné la diplomatie, la prudence et la patience.

- Feu mon confrère l'Archevêque Silvio Passerini a insisté également dans sa lettre de recommandation sur le rôle éminent que vous avez joué à ses côtés dans les réparations et les aménagements de la Cathédrale de

Barcelone. Je vous emmène à la Fabrique de notre Cathédrale. Je souhaiterais avoir votre avis sur quelques-uns de mes projets architecturaux.

- Avec grand plaisir, Monseigneur.

Les deux hommes traversèrent la nef de la Cathédrale, l'Archevêque expliquant au passage l'histoire du bâtiment à son hôte. Jacob était abasourdi par les connaissances architecturales du religieux. Non seulement il n'ignorait aucune des différentes étapes de la construction de l'édifice, mais en plus, il percevait bien le jeu des forces qui l'empêchaient de s'écrouler, comme cela avait été le cas à Beauvais en 1284 quand un arc-boutant supérieur s'était cassé en deux, causant l'effondrement d'une partie du chœur.

Ils arrivèrent enfin à la Fabrique, un bâtiment étroit attenant à la Cathédrale. Ici, des sculpteurs s'affairaient à tailler des chapiteaux dans une pierre jaunâtre poreuse ; là, des charpentiers préparaient poutres et autres solives nécessaires à la construction d'un grand échafaudage. Il régnait une atmosphère chaleureuse et bruyante de ruche bourdonnante. Un peu à l'écart, penchés sur une table où étaient étendus des plans et des croquis, deux hommes devisaient. L'Archevêque s'approcha d'eux, un large sourire aux lèvres.

- Maître Mathurin Gallopin, quelle joie de vous revoir! Mon Dieu, mais quelle activité vos ouvriers déploient! Je n'en crois pas mes propres yeux !

Le plus âgé des deux hommes s'avança et fit la révérence.

- Bonjour, Monseigneur! Je suis en effet fort content d'eux et très fier de leur rendement. Ils sont précis, méthodiques, et ne rechignent pas à la tâche. Il est vrai que je les paie bien.

- Et vous, Maître Maçon Gabriel Bourgoing, que pensez-vous de l'exécution et de la finition de leur travail ?

- Je n'y trouve rien à redire, Monseigneur. Les maçons de Bordeaux valent bien ceux de Toulouse que j'avais l'habitude de diriger !

Les présentations de chacun une fois faites, l'Archevêque Charles de Gramont en vint au vif du sujet.

- Comme vous pouvez le voir sur les plans, mon cher Jacob, notre Maître Mathurin, en charge de la Maîtrise de l'œuvre de la Cathédrale Saint-André, prépare avec son équipe la construction d'un nouvel arc-boutant qui va venir s'appuyer sur le nord de la nef, au-dessus du Portail Royal. Cela devrait soulager les murs de soutien et répartir plus équitablement le poids de la voûte. C'est un exercice bien plus difficile qu'il n'y paraît au premier abord, car un rajout d'appui diminue par ailleurs les forces sur les autres arcs-boutants, ce dont Maître Mathurin doit tenir compte petit à petit pour équilibrer les points d'appui qui empêcheront le bâtiment d'éclater comme un fruit trop mûr.

Jacob écoutait avec attention les propos de l'Archevêque, éclairés çà et là par les explications plus techniques de Maître Mathurin. Le Maître Maçon Gabriel, quant à lui, se borna à insister sur l'importance du choix de la pierre de taille qui ne devait jamais être fendue, ni d'une texture qui la rendît propice à absorber l'eau comme une éponge, et de la nécessité d'employer, par ailleurs, un bon liant capable de maintenir chaque pierre l'une sur l'autre.

L'Archevêque Charles de Gramont farfouilla dans les parchemins de plans en désordre sur la table, visiblement à la recherche de quelque chose. Il jubila lorsqu'il sembla avoir trouvé le rouleau désiré, qu'il tendit derechef au Maître Maçon :

- Gabriel, mon ami, pourriez-vous expliquer à Jacob Saenz notre idée de jubé pour séparer le chœur de la nef ?

Le Maître de Chantier déroula le plan, l'examina pendant quelques secondes, puis commença sa présentation par une formule latine :

- *Jube, domine...*

- *...benedicere*, conclut Jacob, avant de traduire en français : 'Daigne, Seigneur, me bénir'. Ce sont les paroles que je prononçais à Barcelone dans la Cathédrale depuis la tribune avant de lire l'Évangile pour l'office de Matines, quand je servais d'acolyte à l'Archevêque, Monseigneur Silvio Passerini, d'heureuse mémoire.

- Vous connaissez donc bien le latin, Jacob ? Nous pouvons continuer dans cette belle langue si chère à l'Église, que les deux Maîtres et moi-même aimons à utiliser entre nous plus que la langue vulgaire.

Le Maître Maçon Gabriel reprit le fil de son exposé, mais cette fois en latin :

- Effectivement, le nom même de jubé vient de cette formule. Traditionnellement, c'est une séparation de pierre ou de bois entre le chœur et la nef. Vous avez mentionné la tribune, Jacob. C'est l'une des trois parties du jubé, avec la clôture, aussi appelée chancel, et une Crucifixion sculptée. J'ai fait mes premières armes à la Cathédrale d'Albi, où l'Évêque Louis 1er d'Amboise fit construire à la fin du siècle dernier un magnifique jubé marqué par les influences italiennes et espagnoles que le prélat avait ramenées de ses ambassades à Florence auprès de Laurent de Médicis et en Castille, où il s'était rendu pour féliciter Isabelle de Castille et Ferdinand d'Aragon après leur accession au trône des deux Royaumes, unis désormais par le mariage des deux souverains. J'ai connu son neveu, l'Évêque qui lui succéda, Louis II d'Amboise, qui avait fait venir des sculpteurs et des décorateurs de Lombardie dans le nord de l'Italie. C'est avec eux que j'ai travaillé, à partir du jeune âge de dix-neuf ans, pendant trois ans, de 1509 à 1512.

- Saviez-vous, Maître Gabriel, que plusieurs d'entre eux sont passés ensuite en Aragon travailler à l'amélioration de la Cathédrale de Barcelone ? J'ai eu l'occasion de m'entretenir avec eux en maintes occasions au sein de la Fabrique de la Cathédrale. C'étaient des hommes de grande culture, qui avaient su faire la synthèse entre l'art médiéval gothique et l'art nouveau, né de ce que l'on a très vite appelé dans la péninsule italique 'la Renaissance'.

- Oui, je suis pleinement d'accord avec vous, Jacob. Ce sont eux qui m'ont d'ailleurs fait découvrir les écrits de l'architecte romain du 1er siècle av. J-C. Vitruve et ceux du grand Génois Léon Battista Alberti, l'un des grands humanistes du *Quattrocento*, mathématicien et architecte de génie.

L'Archevêque Charles de Gramont se délectait à les écouter discourir. Il se réjouissait de l'arrivée de ce Catalan cultivé qui allait les aider à faire la jonction entre l'Italie, la Péninsule Ibérique et le Royaume de France. Il en eut la certitude quand Maître Mathurin Gallopin, qui était resté silencieux jusqu'à maintenant, demanda à Jacob Saenz :

- Bien. Dans cette perspective de synthèse que vous avez finement mise en valeur, Jacob, comment imaginez-vous ce jubé ?

Jacob ne se démonta pas. Il savait que ce qu'il allait répondre était crucial pour le devenir même de sa famille à Bordeaux.

- Vous comprendrez que je ne me risquerai point à vous conseiller sur l'exécution tant architecturale que sculpturale du jubé, mais que je vous donnerai ma seule impression, qui s'appuiera sur la connaissance des œuvres des sculpteurs que j'ai fréquentés en Aragon. Je pense surtout au grand sculpteur de Burgos, Bartolomé Ordoñez, qui établit son atelier à partir de 1515 à Barcelone, où il accueillit trois spécialistes marbriers italiens. Il m'avait honoré de son amitié, et j'ai appelé mon second fils Bartolomé en son honneur. Ordoñez a mis l'accent dans sa décoration du chœur sur des scènes de l'*Ancien Testament*, comme *Le sacrifice d'Isaac*, ou des scènes du *Nouveau Testament*, comme *Le Chemin de Croix* et la *Descente de croix du Christ*. Je pense donc que ce jubé pourrait être orné de quelques bas-reliefs en pierre ou en marbre.

Si vous me permettez, Monseigneur, je crois qu'il faudrait revenir au sens premier du jubé, tribune de lecture de passages des *Écritures*. Ce qui distingue le Christianisme du Judaïsme d'abord, c'est la Résurrection après le sacrifice du Fils de Dieu fait homme sur la Croix, comme Saint Paul l'a défini dans ses *Épîtres* ou Marc dans son *Évangile*, quand les femmes entrent dans le tombeau de Jésus, 16-6 : 'Mais il leur dit : 'Ne vous effrayez pas. C'est Jésus le Nazaréen que vous cherchez, le Crucifié : il est ressuscité, il n'est pas ici'. Une scène telle que celle-ci pourrait être de grande inspiration pour les femmes chrétiennes.

Et Jacob, en cet instant précis, ne put s'empêcher de penser à sa Juive tant aimée, Myriam, qu'il devait encore convaincre de devenir réellement Chrétienne. Quel meilleur exemple pour elle que celui des femmes juives Marie de Magdala, l'autre Marie mère de Jacques, et Salomé, confrontées à la certitude de la Résurrection du Christ ?

Jacob ajouta :

- Peut-être que pour convaincre les hommes, une scène représentant *La descente aux Limbes* serait la plus appropriée et la mieux venue, à la manière de celles du peintre de Mantoue Andrea Mantegna que j'ai vue de mes propres yeux dans sa ville lors d'un voyage d'affaires avec mon père, ou du peintre siennois Benvenuto di Giovanni del Guasta, qui se rendit à Barcelone à l'invitation de ses collègues italiens établis là-bas.

L'Archevêque Charles de Gramont intervint dans le débat :

- Vous avez tout à fait raison, Jacob, d'insister sur l'importance de la Résurrection dans l'idée même du

Christianisme, et je crois que vos suggestions cadrent bien avec celle de mes amis du Cercle de Meaux, qui prêchent un retour à l'essence du Christianisme dans le giron de l'Église. Notre Roi François 1er a fait venir à Fontainebleau nombre d'artistes italiens pour restaurer et redonner du lustre au Château. Je vais voir, aidé en cela par mon frère Gabriel qui a ses entrées à la Cour et un accès direct au Roi, si nous ne pourrions pas nous inspirer du style de ces peintres et sculpteurs, voire inviter l'un d'entre eux ou de leur atelier à plancher sur ces thèmes.

Quand Jacob Saenz prit congé de l'Archevêque de Bordeaux, il était loin d'imaginer qu'il venait de se gagner trois amis fidèles :

- l'Archevêque d'abord, tout à la fois conquis par la profonde culture chrétienne de Jacob que celui-ci savait à l'évidence mettre en œuvre de manière pratique, et désireux également de le mettre à contribution, vu que feu son confrère de Barcelone lui avait indiqué l'aisance financière de Jacob Saenz et sa volonté de soutenir les projets religieux qu'il aimait et qui lui tenaient à cœur.

- Le Maître de l'œuvre et le Maître Maçon ensuite, qui n'avaient pas mis longtemps à comprendre comment ils pourraient tirer parti de l'intelligence et de l'expérience de Jacob Saenz et aussi, de la forte impression qu'il avait faite sur l'Archevêque, littéralement emballé par ses explications et ses propositions. À leurs yeux de bâtisseurs, mieux valait un Nouveau Chrétien qui connaissait et vivait le Christianisme de l'intérieur en le définissant aussi en comparaison avec son ancienne religion, qu'un Vieux Chrétien qui, bien souvent, n'avait de Chrétien que le nom, et était bien incapable de théoriser sa foi comme Jacob l'avait fait de manière magistrale dans la Fabrique.

Bordeaux, 11 mars 1535.

L'Archevêque de Bordeaux Charles de Gramont paraissait avoir vieilli de dix ans ces six derniers mois. Son front était maintenant strié de lignes profondes, et il s'était voûté, comme s'il portait sur les épaules des tourments trop pesants qui l'accablaient. Aujourd'hui était le jour du premier anniversaire de la mort de son frère, Gabriel de Gramont, emporté par la fièvre typhoïde un an plus tôt.

Les deux frères avaient développé, tout au long de leur vie, une forte amitié qui allait bien au-delà du simple lien de sang fraternel. Gabriel avait toujours discrètement protégé la carrière de son frère, renonçant au siège épiscopal de Bordeaux pour y favoriser l'accession de Charles. Il avait terminé une vie riche en missions diplomatiques, créations artistiques, et actions religieuses comme Archevêque de Toulouse. Proche du Pape Clément VII, il avait été élevé à la pourpre cardinalice en juin 1530.

Jacob Saenz, de par son lien avec feu l'Archevêque de Barcelone Silvio Passerini, ami intime du pape Léon X, cousin de Clément VII, était devenu le messager idoine entre les deux frères. Le Catalan avait fait plusieurs voyages à Rome en compagnie de Gabriel de Gramont, recrutant en même temps des maçons et des sculpteurs italiens pour la Fabrique de Maître Mathurin Gallopin et le chantier du Maître Maçon Gabriel Bourgoing. Sa connaissance de l'italien et du latin était fort appréciée par les deux frères Archevêques qui avaient investi leur confiance en lui. Le Pape Clément VII l'avait félicité de son implication tant dans la Fabrique de la Cathédrale de Barcelone que dans celle de Bordeaux. Ils avaient évoqué ensemble la mémoire de Silvio Passerini, ami de jeunesse et de bataille du pape Médicis. Celui-ci lui avait offert un médaillon de Silvio Passerini en cardinal.

Quand Gabriel de Gramont fut chargé de négocier le mariage de la nièce du Pape Clément VII, Catherine de Médicis, avec le Prince Henri, Duc d'Orléans, fils cadet du Roi, c'est tout naturellement que Jacob Saenz l'accompagna au Château de Fontainebleau, où le Roi François 1er tenait sa Cour. Jacob était aux côtés de Gabriel de Gramont à Marseille, quand le Pape Clément VII y rencontra le Roi de France pour y régler les détails de l'union entre le prince français et sa promise florentine.

- Jacob, mon ami, je ne saurai assez vous remercier de m'avoir servi d'acolyte ce matin pour la messe donnée à la mémoire de mon cher Gabriel. Votre présence rassurante à mes côtés m'a permis de surmonter mon chagrin et mon émotion. J'aurais préféré que Dieu m'emportât plutôt que lui. Mon cher frère aurait très bien pu être Pape. Il en avait la capacité, les talents de médiateur, et la foi brûlante, si nécessaire en ces temps orageux. Il aurait été fort utile au Roi François 1er au moment de cette sombre Affaire des Placards dans la nuit du 17 au 18 octobre de l'an passé 1534.

- Monseigneur, comment les Calvinistes ont-ils été assez fous pour défier le Roi jusqu'à la porte de la Chambre Royale en son château d'Amboise ? Les six condamnés qui montèrent sur le bûcher avaient mérité cent fois la mort ! Il ne sera pas dit que les gens de la Religion Prétendue Réformée viendront nous imposer leur hérésie dans notre propre jardin. Le Roi François 1er a eu le mérite de réaffirmer publiquement sa foi catholique. Son message était clair : rangez-vous sous la bannière de l'Église, ou apprêtez-vous à en souffrir les conséquences.

- Votre enthousiasme communicatif me réchauffe le cœur, Jacob. Vous avez bien compris qu'il ne nous faut pas laisser le champ libre aux Huguenots, ou nous courrons le risque d'une nouvelle peste cathare. Le jubé de Gallopin et Bourgoing devrait porter votre nom. Il incarne parfaitement votre vision d'une foi catholique fière et pédagogique. Je crois que vous êtes l'homme de la situation, et je vais vous confier une mission diplomatique de première importance auprès du Roi. Comme vous le savez, j'ai tout pouvoir de fait sur la Guyenne. Je veux que vous alliez dire à notre Sire François 1er que la parole calviniste ne passera pas, et que mon bras ne tremblera point, lorsqu'il s'agira de punir les mécréants, coupables de crime de lèse-majesté et d'hérésie. Vous porterez un pli de ma part au souverain, et je suis sûr que vous trouverez les mots justes pour lui signifier notre soutien sans réserve.

Vous voudrez bien transmettre également à votre épouse Myriam mes plus vifs remerciements pour son dévouement sans borne auprès des ouvriers de la Fabrique tout au long de la construction du jubé et du contrefort de la Porte Royale. Les petits pains et la soupe que ses servantes leur portaient chaque jour à la pause les ont fait travailler avec d'autant plus d'enthousiasme. Quant à votre jeune Moïse, si dévot et si respectueux de la Parole de Dieu, je me propose, avec votre accord, de le faire entrer dans les ordres. Il étudiera la Théologie et deviendra prêtre, et je m'assurerai qu'il obtienne un bon bénéfice qui lui permettra de bien commencer sa carrière ecclésiastique.

Enfin, sachez que, sur ma recommandation, les jurats de notre ville ont voté favorablement en leur plus récente session pour vous accueillir au sein de la bourgeoisie de Bordeaux. Vous recevrez la patente à votre retour de Fontainebleau lors d'une cérémonie à laquelle sera conviée votre famille, et où j'apporterai par ma présence le soutien non seulement de l'Église mais encore de la Province de Guyenne. Nous vous sommes tous hautement redevables, Jacob Saenz, et il est grand temps que nous vous le montrions.

En ce jour anniversaire du passage de mon défunt frère de la vie terrestre à la vie éternelle, j'ai tenu aussi à satisfaire son vœu le plus cher vous concernant. Eu égard à vos services rendus à la Couronne auprès du Pape Clément VII, Monseigneur Gabriel de Gramont avait décidé de demander au Roi vos Lettres de Naturalité. Je me suis chargé de surveiller le processus administratif. J'ai bon espoir que nous obtenions gain de cause dans les prochains mois.

- Monseigneur me comble de faveurs et je ne sais que répondre. Je parlerai à mon benjamin Moïse, et je ne doute point qu'il ne vous donne une réponse favorable. Sous votre férule, il deviendra un homme de Dieu sincère, charitable et bon. Notre Sainte Église Catholique a grand besoin, en ces temps de débats théologiques houleux, de serviteurs plus concernés par le salut de l'âme des fidèles catholiques que par leur propre gloire et les nourritures terrestres. Je me rendrai auprès du Roi à Fontainebleau quand vous le jugerez nécessaire.

- Que Dieu vous bénisse, Jacob Saenz, et vous accorde toujours sa grâce !

Fontainebleau, 4 juillet 1535.

Jacob Saenz, descendu trois jours plus tôt dans une auberge du bourg de Fontainebleau, près du Château Royal, avait lu et relu la missive que le Secrétaire de l'Audience Royale, Gilbert de la Paillade, Baron de la Mosson, lui avait fait porter :

À Jacob Saenz,

Héraut de l'Archevêque de Bordeaux,

Monseigneur Charles de Gramont,

Sa Majesté est partie courir le cerf et autres bêtes rousses et noires aux aurores dans la forêt de Bière et ses environs. Elle vous recevra dans l'après-midi à son retour. Faveur insigne de sa part, le Roi François vous invite à partager sa collation dans le Cabinet des Peintures. Vous veillerez à vous présenter au poste de garde du donjon du Château Royal sur le coup des quinze heures, en tenue d'apparat.

Gilbert de la Paillade

Secrétaire de l'Audience Royale

Lui, le *Converso*, fils d'un simple Juif de Barcelone persécuté et humilié par les sbires des Rois Catholiques et par le Tribunal de l'Inquisition de bien sinistre mémoire, allait rencontrer le Roi de France ! Que de chemin parcouru depuis l'Édit de l'Alhambra de 1492 ! Myriam, si fière de lui, et qui semblait accepter peu à peu dans les tréfonds de son être la conversion qui lui avait tant pesé depuis la date de l'Expulsion, l'avait aidé à préparer sa malle pour Fontainebleau, redoublant de conseils qui la lui faisaient aimer encore plus : 'Ne commets pas d'impair', 'N'en fais pas trop', 'Ne mentionne pas tes origines, ni ta condition de Nouveau Chrétien, à moins qu'on ne te le demande', et le tout à l'avenant. Ses quatre enfants l'avaient embrassé en lui souhaitant bonne chance dans sa mission. Tous, sauf peut-être la petite Marguerite, si française, si bordelaise pure souche avec cet accent chantant des gens de la ville qui charmait tant l'oreille de son père, avaient conscience de la Fortune qui accompagnait Jacob, et craignaient au fond d'eux-mêmes que ce ne fût qu'un leurre, et qu'il ne fût rattrapé tôt ou tard par ses origines juives, arrêté et brûlé en Place de Grève de Paris, loin d'eux.

- Monsieur Jacob Saenz ? Je suis le Baron Gilbert de la Paillade. Je m'en vais vous conduire auprès du Roi qui vous attend. Si vous voulez bien me suivre.

Les deux hommes traversèrent un dédale de pièces richement ornées de peintures et sculptures que Jacob identifia comme de provenance à majorité italienne. Ils entrèrent finalement dans le Cabinet des Peintures proprement dit. Une table avait été dressée, recouverte d'une nappe blanche sur laquelle on avait posé des plats de légumes et des corbeilles de fruits. Le fauteuil royal, portant la salamandre surmontée d'une couronne, devise du Roi, symbole que la foi catholique ne pouvait être détruite, faisait face à la pièce et aux murs recouverts de peintures. Un fauteuil plus modeste avait été placé en face de celui du Roi. Jacob comprit que ce serait le sien, et il sentit son cœur battre la chamade. Pour se calmer, il se força à regarder les toiles qui ornaient les murs latéraux.

- Celles-ci sont de Léonard de Vinci, le grand artiste et inventeur génial originaire de la République de Florence, lui dit le Baron de la Paillade. Le Roi l'avait fait venir au château du Clos Lucé, pas très loin du château d'Amboise où lui-même résidait. Le maître est enterré au sein de la collégiale Saint-Florentin du château d'Amboise. Sa Majesté avait beaucoup d'estime et d'amitié pour lui.

Deux sonneries de trompette annoncèrent que le Roi François 1er allait faire son entrée dans la salle. Jacob retira son chapeau et se figea dans une profonde révérence, les yeux fixés vers le sol, attendant le bon vouloir du Roi.

- Ah, vous êtes là, la Paillade, et avec notre hôte qui nous arrive de notre bonne ville de Bordeaux en Guyenne ! Relevez-vous, Monsieur, dit le Roi en s'adressant à Jacob, et recoiffez-vous. Baron, laissez-nous maintenant. Que les serveurs entrent et versent le bouillon et le vin, et qu'à suivre, ils nous amènent les viandes. Ne vous éloignez point cependant, Baron. Je vous sonnerai le moment venu.

Le Baron de la Paillade salua de nouveau en reculant et s'éclipsa en silence. Jacob sentit un nœud lui serrer la gorge. Il était seul avec le Roi, si ce n'était pour deux gardes de planton à l'entrée du Cabinet des Peintures.

- Je vous ai aperçu, monsieur, admirer les chefs-d'œuvre de Maître Léonard dont je me targue d'avoir été l'ami, dit le Roi à Jacob en s'approchant avec lui des toiles sur le mur septentrional éclairé par une large croisée à quatre baies. J'aime tout particulièrement le sourire énigmatique de sa *Mona Lisa*. Je pourrais passer des heures à regarder cette jeune femme. Ce n'est pas qu'elle soit belle, elle serait même plutôt quelconque, mais elle me semble vivante. Quel secret nous cache-t-elle, n'est-ce pas ? Bien que j'aie acheté cette peinture quatre mille écus d'or au Florentin en 1518, j'aurais accepté de payer dix fois plus pour l'acquérir tant elle m'ensorcelle. Saviez-vous que lorsque je l'ai invité à venir me rejoindre au château d'Amboise en 1516, Léonard de Vinci franchit les Alpes à dos de mulet, apportant avec lui trois de ses plus belles toiles, dont la *Mona Lisa* ? Farouche détermination pour un jeune homme de quelque soixante-quatre ans à l'époque, n'est-ce pas ? Je lui offris le petit château du Clos Lucé à côté de celui d'Amboise, pour qu'il pût être enfin libre de rêver, de penser et de travailler, tout en jouissant d'une bonne rente annuelle de mille écus d'or. Je le visitais chaque jour quand j'étais en mon château d'Amboise, et non seulement j'appris beaucoup de lui, mais il m'enseigna aussi beaucoup sur moi-même. C'était un ingénieur visionnaire, un peintre d'un immense talent, un homme bon et d'excellente compagnie que je regrette beaucoup. Mais voici mes gentilshommes servants qui s'avancent. Veuillez vous asseoir, Monsieur, nous allons maintenant collationner.

Le Roi François 1er, d'une stature impressionnante du haut de ses presque deux mètres, était à l'évidence doté d'un appétit gargantuesque, et il avala sans coup férir deux grandes assiettes de bouillon de poule. Jacob se contentait, pour sa part, de faire honneur au souper qui promettait d'être en tous points sublime et mémorable. Et puis après tout, se disait-il, quitte à s'être jeté dans la gueule du loup, autant succomber le ventre plein.

- Que l'on nous serve les pâtés de grive et les salades qui vont avec ! À boire aussi, car nous avons soif ! Que l'on monte quelques pichets tirés de tonneaux de mon vignoble de Fontainebleau conservés dans les caves des Pressoirs du Roi! Pour votre gouverne, mon ami, sachez que je les ai fait planter en 1531 par le vigneron Jean Rival que m'avait recommandé le Sénéchal de Cahors. Vous m'en direz des nouvelles. Il saura vous ravir et enchanter le palais. Gardez un peu d'espace pour la viande, cependant, laquelle comblera d'aise votre estomac, j'en suis certain !

Trois musiciens avaient fait une entrée discrète et laissaient s'envoler des notes limpides et joyeuses d'une viole de gambe, d'un fifre et d'un hautbois. Le Roi paraissait d'excellente humeur. Jacob n'allait pas tarder à en connaître la raison.

- Imaginez-vous, Monsieur, que nous partîmes chasser ce matin, avant même que le jour ne se fût levé, juste après les laudes. Il n'est jamais tant excitant que de galoper à bride abattue à travers champs, quand la rosée humidifie les sillons tracés par l'araire du paysan et que la brume matinale s'élève doucement de terre comme un nuage flottant. Le hurlement des loups dans les bois vous glace volontiers les sangs, je vous l'assure ! Quant au silence général, il n'est rompu alors que par le bruit des sabots des montures et le ululement des hiboux ombrageux.

Mon Grand Veneur, le Duc de Guise, mon cher compagnon d'armes Claude de Lorraine, magnifique héros de la bataille de Marignan de l'an 1515, quand il n'est pas encore en train de guerroyer en quelque lieu d'Allemagne, d'Italie ou de Picardie, s'occupe de ma meute qui compte près de quatre-vingts chiens – limiers, chiens à cheval, ou chiens ordinaires. Ce matin, quinze d'entre eux étaient de sortie pour traquer un énorme sanglier que l'on avait aperçu dans les environs la veille. Il nous donna du fil à retordre, le bougre, et me tua même un chien imprudent que j'aimais bien et qui s'aventura funestement trop près de ses défenses acérées. Comme vous pouvez voir, mon visage porte encore la marque des griffures des branches, quand nous entrâmes résolument dans les sous-bois. Lorsque mes lieutenants et mes valets de limiers poussèrent le cri de victoire de l'hallali pour indiquer que la bête épuisée était aux abois, les chiens se mirent à courir encore plus vite et à bondir encore plus haut, au-delà même de leurs forces, dans un concert d'aboiements rauques. Quel enivrement que le spectacle de la mise à mort !

C'est la selle de cet animal fier et valeureux de plus de cent vingt kilos qui combattit dignement jusqu'à son dernier souffle que nous allons consommer à présent, Monsieur. L'on nous versera un vin rouge de Bourgogne qui s'accordera bien avec la texture ferme de la chair du gibier sauvage. Mais en attendant que l'on nous amène le plateau avec le trophée de la tête du sanglier, je vous invite à me faire part du message de mon noble ami Charles de Gramont, Archevêque de Bordeaux et Gouverneur de Guyenne. Parlez, Monsieur, librement et sans crainte.

Jacob Saenz n'avait plus d'appréhension. Investi d'une mission, mis en confiance par le Roi lui-même dont il appréciait l'intelligence et le franc-parler et devinait la grande culture, il conta comment l'Archevêque de Bordeaux avait été scandalisé par l'Affaire des Placards et véritablement choqué que l'on eût eu l'audace insensée et sacrilège d'insulter jusque dans ses appartements le Roi qui tenait son pouvoir de Droit divin. Monseigneur Charles de Gramont tenait à confirmer au souverain François 1er que toute la Guyenne était derrière lui et que la Religion Prétendue Réformée ne remporterait point la victoire. Ce n'était qu'un buisson d'orties piquantes qu'il fallait arracher au plus vite, et le châtiment infligé à quelques hérétiques pour l'exemple par la Justice du Roi avait été encore trop doux au goût du prélat bordelais.

Le Roi mangeait tout en écoutant Jacob parler. Il s'était coupé lui-même de gros morceaux de viande qu'il avait arrosés d'une sauce béchamel et agrémentés de légumes verts. Il comprit à un moment donné que Jacob abandonnait le script du message pour donner libre court à sa propre pensée, et il dressa l'oreille, l'écoutant plus attentivement, ce qui démontrait une capacité d'analyse et une faculté de réceptivité peu communes.

- Votre Majesté a adopté la devise latine *Nutrisco et extinguo*, ce que je traduirai, dans le contexte religieux actuel tourmenté qui est le nôtre, par 'Je nourris le bon feu', c'est-à-dire la foi catholique, et 'J'éteins le mauvais', en l'occurrence les idées absurdes, dangereuses et néfastes des Huguenots. Oui, Sire, il vous faut frapper, comme vous l'avez fait avec juste raison, chaque fois que ces mécréants menaceront la paix et l'harmonie du Royaume. La France, Fille Aînée de l'Église depuis le baptême du Roi Clovis 1er, votre ancêtre d'auguste mémoire, le 25 décembre 498 à Reims, ne peut déchoir de son rang. La signature du Concordat de Bologne le 18 août 1516 en était la preuve éclatante et acclamée. Votre alliance avec le Pape Clément VII en fut un gage de plus. Vous êtes, Sire, au même titre que Saint-Louis, le Croisé bienheureux du XIIIe siècle, le Premier Fils de l'Église.

- Bravo, Monsieur ! lui dit le Roi, voilà qui est parlé ! Mais comment voyez-vous, dans une perspective de relations internationales, l'évolution du jeu diplomatique du Royaume de France ?

- Je crois que Votre Majesté a bien fait de rechercher une alliance diplomatique en 1531 avec les princes protestants de la Ligue de Schmalkaden contre l'Empereur Charles-Quint, en vertu du principe que les ennemis de mon ennemi sont mes amis, et surtout pour soulager l'encerclement qui nous menaçait, des Flandres aux Espagnes en passant par le Duché de Bourgogne. Je juge très bien pensée également votre alliance avec les Turcs ottomans de Soliman le Magnifique, capable, si besoin était, de prendre en tenaille l'Empereur.

Cependant, et puisque Votre Majesté le Roi m'a permis avec magnanimité d'exprimer mon point de vue, et au risque de la décevoir, je lui dirai qu'à long terme, elle devrait continuer de se rapprocher de l'Empereur, qui est Catholique, en lutte contre la Religion Prétendue Réformée. Je n'ignore point, certes, la souffrance endurée par Votre Majesté durant son emprisonnement à Madrid, ni le fait que le Dauphin François de France et son frère cadet Henri de France aient été retenus en otage par Charles-Quint après sa victoire à Pavie. Ce qui différencie notre Roi Très Chrétien de ses sujets, c'est d'abord sa vision supérieure d'origine divine qui lui permet de prendre des orientations ou des décisions courageuses. En cela, votre mariage en 1530 avec la sœur de l'Empereur, Éléonore de Habsbourg, après le Traité de Cambrai, fut un geste diplomatique majeur, qui pérennisa l'accord signé d'égal à égal entre les deux grandes puissances européennes. Le nouveau Pape Paul III, élu en conclave le 15 octobre dernier de l'an 1534, est, quant à lui, favorable également à l'arrêt des hostilités entre les puissances catholiques, pour qu'elles puissent faire front contre les Protestants, ennemis de notre foi. L'on m'a rapporté, en outre, que le Duc de Milan, François II Sforza, serait très malade. Comme Votre Majesté ne l'ignore point, l'on ne discute jamais mieux autour d'une table avec son adversaire que lorsque l'on est en position de force sur le terrain. Le Roi de France pourrait légitimement revendiquer comme sien le Duché de Milan à la mort prochaine du Sforza.

Le Roi François 1er l'écoutait maintenant avec la plus grande attention, et lorsque Jacob eut terminé, il le complimenta :

- Monseigneur de Gramont ne m'avait point menti à votre sujet, Monsieur, lorsqu'il me vantait vos qualités dans sa missive. Sachez que j'apprécie votre franchise et surtout la justesse de votre raisonnement. Que ne voudrais-je avoir autour de moi, comme Conseillers en Politique Étrangère, des gentilshommes de votre talent, au lieu de thuriféraires bêlants, plus enclins à se gagner, ou du moins le croient-ils, ces imbéciles, la faveur royale par des compliments indus et exagérés ! Il faudra que nous poursuivions cette conversation, Monsieur, en d'autres lieux et en temps voulu.

Jacob inclina la tête, s'attendant à être congédié, mais le Roi reprit, agitant une petite sonnette posée sur la table :

- Que l'on fasse entrer le Baron Gilbert de la Paillade ! Entretemps, reprenez donc avec moi, Monsieur, un peu de ce bon vin de Fontainebleau, car vous avez parlé longtemps et mérité d'étancher votre soif. Ne vous avais-je pas dit qu'il était de bonne tenue, ce petit vin ?

Le Baron de la Paillade s'approcha du Roi François 1er et lui tendit une Lettre Patente qui portait le sceau royal. Le Roi se tourna alors vers Jacob Saenz et s'adressa à lui de manière plus formelle. Instinctivement, Jacob se raidit :

- Voici venu le moment pour moi, Monsieur, de vous remercier des loyaux services que vous avez rendus à la Couronne et à ma personne, il y a encore de cela quelques minutes. Je sais, de source sûre, que le mariage de mon fils cadet avec Catherine de Médicis, fille du Pape Clément VII, ne se fût point fait sans votre entregent, votre connaissance des langues, et votre expérience des tractations de négoce. Veuillez croire que le Roi qui vous fait face, Monsieur, vous en est très reconnaissant.

Aussi, en vertu du pouvoir royal qui est le mien, j'ai décidé, suivant en ce sens la requête de feu Monseigneur Gabriel de Gramont, reprise par son frère,

Monseigneur Charles de Gramont, de vous accorder des Lettres de Naturalité qui vous octroient, au même titre qu'un de mes sujets nés dans le royaume, le droit imprescriptible de vous dire Français, étendu à votre épouse et à vos quatre enfants. Il est bien fou ce Roi des Espagnes qui vous a laissé partir ! Sa perte est mon gain, et j'en suis fort aise. Vous vous appeliez Jacob Saenz dans une autre vie qui portait témoignage de la souffrance injuste qui fut infligée à vos ancêtres et aux vôtres. Vous vous appellerez désormais non seulement Jacques Saëns, qui serait une simple francisation de votre nom d'origine aragonaise, mais encore Jacques Saint-Saëns, eu égard à la très grande foi catholique qui est la vôtre, non point tant acquise que gagnée et revendiquée, pour marquer sans aucune ambigüité possible votre appartenance à l'Église Très Catholique de France.

Le Baron Gilbert de la Paillade tendit un autre document, porteur également du sceau royal, au Roi François 1er, qui tira son épée et ordonna à celui qui était désormais le Français Jacques Saint-Saëns de s'agenouiller :

- Un genou en terre, Monsieur, et baissez la tête devant votre Roi.

Jacques s'exécuta, profondément bouleversé par la tournure prise par les événements. Le Roi posa son épée sur son épaule gauche, puis sur son épaule droite, et déclara :

- Jacques de Saint-Saëns, moi François 1er, Roi de France, je vous fais Baron de Lesparre, Sire de Civrac, avec tous les droits attenants et les servitudes de votre charge nobiliaire. J'ai l'infinie certitude que vous saurez vous montrer digne de ma confiance, et j'espère que vous redonnerez vie à cette baronnie tombée en désuétude à la fin du siècle dernier, comme l'a souhaité l'Archevêque de Bordeaux Charles de Gramont, votre protecteur, à qui je rends hommage en vous anoblissant.

Le Roi se tourna vers le Baron Gilbert de la Paillade et lui intima :

- Monsieur le Secrétaire, vous voudrez bien faire verser à dater de ce jour une rente annuelle de mille cinq cents ducats d'or au Baron Jacques de Saint-Saëns. Nous nous reverrons, Monsieur, et je ne manquerai point d'utiliser à nouveau vos services pour quelque mission diplomatique, où il me faudra compter sur une personne de toute confiance et d'inestimable valeur. Relevez-vous, Baron Jacques de Saint-Saëns, et regagnez maintenant cette belle province de Guyenne qui m'est si chère. Saluez mon ami et frère en Dieu Monseigneur Charles de Gramont. Adieu, Monsieur !

Fontainebleau, 7 janvier 1540.

Le retour de Jacques de Saint-Saëns à Bordeaux fut triomphal. Sa maisonnée l'accueillit en héros. Myriam, dont le prénom avait été changé en Marie, manqua de s'évanouir, tant la surprise fut grande. Les enfants criaient et pleuraient de joie, et la petite Marguerite pleurait de voir ses frères et ses parents pleurer tous ensemble. Lazare, devenu Louis, toujours éberlué, demanda, soupçonneux, à son père :

- Nous ne pourrons plus jamais être brûlés vifs ?

Ce à quoi Jacques lui répondit sobrement :

- À moins que tu ne te fasses Huguenot – que Dieu nous en préserve ! – il y a bien peu de chance que cela n'arrive jamais. Nous ne sommes plus des Juifs errants vivant en territoire étranger, nous sommes Français avec les mêmes droits que tous les autres Français nés sur le territoire ou que ta petite sœur. De plus, nous sommes nobles maintenant, et quand je mourrai, tu hériteras de mon titre, mon fils, de par le droit d'aînesse. Barthélémy, comme s'appelle désormais légalement notre cher Bartolomé, étudiera, lui, le Droit et deviendra avocat ou juge. Avec la pension que m'a allouée si généreusement le Roi, je lui achèterai une charge de notaire et il pourra entrer dans la noblesse de robe. Quant à notre Moïse bien-aimé, qui s'appellera désormais Michel, et 'en qui j'ai mis tout mon amour', dit Jacques, paraphrasant l'*Évangile de Marc*, 1, 7-11, Monseigneur l'Archevêque Charles de Gramont va l'aider à entrer dans les ordres. Il jouira d'un bénéfice et pourra faire une belle carrière tout en servant Dieu. Quant à notre petite Marguerite, Maman et moi lui trouverons un bon parti qui l'aimera et la protègera, conclut Jacques en serrant dans ses bras l'enfant qui protestait avec vigueur qu'elle resterait avec son Papa toute sa vie.

Marie Myriam, comme elle se fit appeler par la suite, n'aurait pas l'heur de voir ses enfants accomplir toutes les paroles prophétiques de leur père : un mauvais refroidissement attrapé dans quelque pièce glaciale de son petit château de Lesparre la terrassa un vendredi pluvieux de novembre 1538. Elle s'était faite à sa vie simple et tranquille de châtelaine, et l'angoisse perpétuelle qui l'habitait auparavant de perdre son mari et ses enfants dans une sempiternelle persécution religieuse ou de devoir fuir sur les routes comme un chien galeux l'avait finalement quittée. Elle vivait pour les siens, dans le souvenir de ses parents et de son peuple. Michel, Vicaire à Bordeaux nommé par l'Archevêque Charles de Gramont, et qui deviendrait quelques années plus tard Vicaire Général, second du seul Archevêque, fut mandé chercher de Bordeaux par son père et amené au chevet de sa mère de toute urgence par Jacques, quand tout espoir de rétablissement se fut envolé. Ce fut lui qui donna l'extrême-onction à Marie Myriam, qui sembla la recevoir avec moult circonspection.

Quand les enfants éplorés se furent retirés à la demande de leur père, Marie, redevenue Myriam, avoua à Jacques qu'elle se sentait toujours Juive, qu'elle n'avait jamais cessé de l'être, et que c'était en Juive qu'elle allait mourir. Elle le pria de ne pas en être triste, lui demanda d'être bon et doux envers leur adorable petite princesse, le remercia de la vie heureuse, compte tenu des circonstances, qu'il avait pu lui offrir, et se réjouit de mourir un soir de shabbat. Les yeux baignés de larmes, Jacob la serra sur son cœur et lui murmura '*Shabbat shalom*' ('Joyeux shabbat') à l'oreille. Il lui dit qu'il était Juif aussi, comme Jésus de Nazareth, son Sauveur, puis, brisé de chagrin, il chanta et psalmodia en hébreu, afin que son âme sœur partît heureuse. Lorsque Myriam mourut, apaisée et sereine, en tenant la main de son Jacob, il la veilla toute la nuit, selon la tradition juive de la *shemira*. Il lui devait cela pour avoir été une épouse et mère exemplaire et lui avoir rappelé sans cesse, par sa détermination inébranlable, d'où il venait.

Au petit matin, Jacob Saenz s'effaça de nouveau pour laisser la place au Baron très chrétien Jacques de Saint-Saëns. Le veuf fit nettoyer et préparer le corps de la défunte selon les rites catholiques, et elle fut enterrée dans l'après-midi du dimanche, après la Grand-Messe chantée, dans la chapelle du Château de Lesparre sous une dalle de marbre. L'Archevêque de Bordeaux Charles de Gramont, ami intime de la famille, vint diriger le majestueux service avec le Père Michel de Saint-Saëns, tous deux accompagnés par le chœur des chantres de la Cathédrale. Une partie importante de la communauté des Nouveaux Chrétiens se déplaça, avec à sa tête André de Gouvéa, Principal depuis 1533 du Collège de Guyenne fréquenté par le fils cadet de Jacques, Barthélémy, pour rendre hommage à celle qui les avait traités toujours avec le plus grand respect, et soutenir dans sa peine son époux Jacques, discret protecteur des Juifs et *Conversos* de Bordeaux.

Le Roi François 1er tint sa promesse et fit appel à plusieurs reprises à Jacques de Saint-Saëns pour des missions diplomatiques à Rome, Florence, Londres, ou encore Glasgow, capitale dans laquelle il prépara la visite de Jacques V d'Ecosse qui allait épouser Madeleine de France, la fille de François 1er en 1537. Le Roi avait suivi en outre le conseil de Jacques de Saint-Saëns et s'était rapproché peu à peu de Charles-Quint, poussé en cela également par la diplomatie irénique du Pape Paul III. François 1er, accompagné de Jacques de Saint-Saëns, signa avec l'Empereur la Paix de Nice le 18 juin 1537.

Aussi, quand le Roi Très Chrétien autorisa Charles-Quint à sa demande en janvier 1540 à traverser la France pour lui permettre d'aller mâter une révolte de ses sujets en Flandres, c'est encore au Baron Jacques de Saint-Saëns qu'il demanda d'accueillir l'Empereur avec l'Archevêque Charles de Gramont à Bordeaux. L'homme de confiance du Roi emmènerait le Habsbourg à Poitiers d'abord, et continuerait en direction de Fontainebleau, où François 1er recevrait finalement son hôte de prestige en son Château Royal avec tout le cérémonial dû à son rang.

La première étape du périple impérial s'était achevée à Angoulême. Bénéficiant d'une belle journée d'hiver ensoleillée, le convoi impérial s'était élancé sur la route au petit matin vers Poitiers. Le voyage n'avait rien d'une sinécure sur des routes souvent défoncées ou boueuses, à la limite du praticable, et des arrêts fréquents pour changer les attelages le faisaient tirer en longueur. L'Empereur, qui avait fait une longue sieste bercée par les cahots imprévisibles de la route, s'était réveillé. Il cligna des yeux et posa son regard d'aigle sur son interprète et guide qui ne dormait point.

- Vous avez l'air bien sombre, Baron Jacques de Saint-Saëns, lui dit Charles-Quint qui l'observait en silence depuis quelques instants, assis en face de lui dans le carrosse. Les deux gentilshommes espagnols qui leur tenaient compagnie et entouraient Jacques s'étaient assoupis.

- Vous voudrez bien m'en excuser, Monseigneur. Je croyais que Votre Majesté dormait, et je m'étais laissé emporter par le fil de mes pensées.
- Vous parlez très bien l'espagnol, Baron, bien mieux que moi en tous cas, reprit l'Empereur avec une pointe de dérision dans la voix, mais je devine à l'entendre un accent que je n'arrive point à situer.
- Ce doit être celui de mes ancêtres, Juifs de Barcelone depuis des siècles jusqu'à l'Édit de l'Alhambra de 1492.
L'Empereur se tut un instant, assimilant la portée de ce que venait de lui dire le Baron Jacques de Saint-Saëns.
- Ah, vous êtes un *Converso* espagnol alors ? Mais que faites-vous donc à la Cour du Roi de France ? C'est à la mienne que vous devriez servir ! Je triplerais vos gages et vous ferais Vicomte si vous consentiez à me rejoindre !
Jacques de Saint-Saëns esquissa un pâle sourire :
- Votre Majesté m'honore en me croyant digne d'une telle responsabilité et d'un tel titre, mais Français je suis et Catholique de surcroît. Je sers mon Roi Très Chrétien François 1er avec la plus grande des loyautés, et ce serait

me faire injure que de croire que je ne pusse jamais manquer à ma parole de gentilhomme. Il est vrai que je naquis en terre aragonaise, mais c'est la France qui est ma patrie. Votre Majesté, noble chevalier à même de comprendre le respect de la parole donnée, comme elle l'a montré à la Diète de Worms en 1521 en autorisant Martin Luther à repartir libre, voudra bien me pardonner donc de devoir rejeter son offre.

L'Empereur s'était pris au jeu du dialogue avec son interlocuteur. Il ne releva point la critique implicite de son action chevaleresque à l'égard du moine allemand sommé de venir s'expliquer muni d'un sauf-conduit, élégance d'un autre temps dont Charles-Quint n'avait cessé de se mordre les doigts depuis. Maintenant bien éveillé en son carrosse, il n'entendait pas renoncer si vite à justifier son point de vue :

- Je me doute, Baron, que vous blâmez probablement mes grands-parents Ferdinand et Isabelle, les Rois Catholiques de pieuses mémoires, mais vous comprendrez que l'arrêt d'expulsion des Juifs qu'ils prirent était dans l'intérêt de l'unité du Royaume. Et puis, à leur Cour, l'on ne comptait plus les *Conversos* qui ne furent jamais inquiétés ni soupçonnés de crypto-Judaïsme !

Jacques de Saint-Saëns lui répondit du tac au tac :

- Le Grand Inquisiteur, le Dominicain Thomas de Torquemada, étant le Confesseur de la Reine Isabelle, c'était ma foi courir un risque bien réel... Si Votre Majesté me permet une réflexion basée sur ma propre expérience, je lui dirai qu'il faut laisser à l'Histoire le temps nécessaire pour juger. Le Royaume des Espagnes et le Royaume de France sont deux États prestigieux, qui ont construit leur grandeur en empruntant des chemins différents. L'Aragon et la Castille ont bâti leur union dynastique en excluant les Juifs d'une part, et les Maures d'autre part. La France, elle, a préféré accueillir et inclure les bannis en leur offrant la possibilité d'aider le Royaume en échange de Lettres Patentes de Naturalité.

Le Baron Jacques de Saint-Saëns avait marqué un point, et l'Empereur parut hésiter avant de lui lancer :

- Si vous n'aviez pas été Juif, eussiez-vous trahi votre Roi pour rejoindre son ennemi ?

Ce à quoi Jacques de Saint-Saëns, ou bien était-ce Jacob Saenz, répondit :

- Je l'étais, Monseigneur, et mon épouse défunte Myriam, née Navarro, l'était aussi. Elle était fière de sa différence. Elle aimait ses voisins Catholiques et aurait pu vivre en bonne harmonie avec eux à Barcelone, mais on ne lui permit pas de le faire. À Bordeaux, en revanche, elle démontra, par son œuvre caritative et son astuce féminine, qu'il était possible de faire vivre et coexister ensemble Catholiques, Nouveaux Chrétiens et Juifs. C'est cela, je crois, Votre Majesté, le grand apport du Roi de la Renaissance François 1er et des prélats inspirés comme Gabriel de Gramont, Archevêque de Toulouse, que vous avez connu, et son frère, Charles de Gramont, Archevêque de Bordeaux, que j'ai servi. Puisse le Royaume des Espagnes se souvenir de l'exemple de votre ancêtre sur le trône de Castille au XIIIe siècle, Alphonse X, qui sut attirer et faire travailler ensemble intellectuels de cultures latine, juive et musulmane dans sa fameuse École de Traducteurs de Tolède. Sans doute est-ce pour cela qu'on le surnomma Le Sage. J'aurais aimé servir ce souverain espagnol.

Soucieux de clore une conversation qui ne tournait pas à son avantage, l'Empereur Charles-Quint voulut se montrer cependant à la hauteur de son débatteur, au moment où le carrosse paraissait arriver à la halte du souper :

- Eh bien voilà ! Nous avons un point en commun, cher Baron, la Tolède d'Alphonse X ! Mon maître à penser, Hadrien d'Utrecht, qui devint pour trop peu de temps le grand Pape Hadrien VI de bienheureuse mémoire, ne se lassait point de me la citer en exemple. J'eusse aimé vous convaincre de revenir en terre espagnole, mais je crois que c'est peine perdue, et c'est sans doute mieux ainsi. Je dirai à votre Roi François 1er tout le bien que je pense de vous, Baron Jacques de Saint-Saëns, et le bonheur qu'il a de vous avoir à son service.

L'Empereur se tut un instant, comme s'il cherchait ses mots, avant de continuer :

- Je me souviendrai longtemps de notre échange fécond, Baron Jacques de Saint-Saëns, et de l'histoire singulière du Juif espagnol Jacob Saenz... Que le Dieu des Chrétiens que nous servons tous deux avec la même humilité et la même dignité nous inspire et illumine le chemin qui nous reste à parcourir, avant que nous ne rejoignions l'éternité céleste qui est la sienne.

CHARLES-EDMOND

Lesparre, 17 avril 1676.

Déjà haut dans le ciel à l'approche des dix heures du matin, un soleil resplendissant inondait les champs de vignes de la Baronnie de Lesparre qui s'étendaient à perte de vue. Le Baron Charles-Edmond de Saint-Saëns était venu dès l'aube, accompagné de son Maître-Vigneron Marcel Duval, inspecter la phase de taille des pieds à double guyot qui permettait de séparer les grappes les unes des autres et de mieux les répartir autour du pied, évitant ainsi les risques de pourriture. Charles-Edmond attendait toujours avec une grande impatience, chaque année en avril, ce que Maître Marcel appelait le débourrement, ce moment si unique où de fragiles bourgeons sortaient timidement leurs têtes, prêts à escalader les pieds torturés, gorgés de la pluie des averses printanières isolées, véritable aspersion divine.

- Tu aimes tes vignes plus que moi, avait coutume de lui dire non sans jalousie sa première épouse Catherine, morte en donnant naissance à leur fils cadet, Nicolas. En revanche, sa seconde épouse, Émilie, née

Pontac, fille du Premier Président du Parlement de Bordeaux Arnaud de Pontac, 'Seigneur des vignes', riche négociant en vins de la place de Bordeaux qui commerçait avec l'Angleterre, n'ignorait point, elle, la passion que la vigne communiquait à ses propriétaires, pour l'avoir bien connue avec son propre père, et elle lui pardonnait ses longues journées d'absence. Elle l'encourageait même à prendre tout son temps et à profiter de sa sortie en l'embrassant à la commissure des lèvres et en lui susurrant à l'oreille qu'il était puissant comme un étalon et jeune à nouveau lorsqu'il la culbutait sur leur lit à baldaquin au retour de son inspection des vignobles.

Charles-Edmond s'avança à la rencontre de son Intendant-Régisseur qui donnait des ordres et corrigeait patiemment le travail de coupe des journaliers locaux :

- Ah, Monsieur Olivier Fortin, je ne suis pas mécontent de voir que vous traitez bien nos valets à gages ! Vous veillerez à ce qu'ils chaussent tous des sabots de bois avant d'entrer dans les vignes, afin qu'ils ne se blessent point les pieds sur des pierres ou autres racines pointues dans les sillons, et qu'ils aient droit à un bon repas reconstituant après leur journée de travail, arrosé, cela va sans dire, d'un de nos petits vins de table et d'une eau claire et désaltérante tirée du puits artésien. Les bons journaliers se font rares de nos jours, comme vous le savez, et j'entends bien fidéliser ceux que nous formons à l'entretien de nos vignes.

- Vous avez tout à fait raison, Baron, lui répondit l'homme en ôtant son chapeau en signe de respect, d'autant que les autres propriétaires de domaines et de châteaux n'hésitent pas à les débaucher quand ils sont expérimentés et valeureux. Il nous faut savoir les couver comme la poule son œuf. Vos compliments sur leur travail les touchent toujours beaucoup. Vous avez su gagner leur estime. Ils n'en travaillent que mieux et avec d'autant plus d'ardeur à la tâche.

Le Baron Charles-Edmond, qui aimait ses gens et ne les brutalisait point, se mit à rire de bon cœur :

- Le philosophe romain Sénèque le Jeune, dans son ouvrage *Des bienfaits*, avait coutume de dire que 'l'on donne toujours trop tard quand on donne après la demande, et qu'il faut donc prévenir le besoin' ; je crois que grâce à vos bons soins, Monsieur Olivier Fortin, nous nous débrouillons fort bien sur ce point. Continuez donc comme cela, mon ami. Je vous laisse avec mon Maître-Vigneron qui veut vous entretenir de quelque innovation de son cru qu'il compte apporter au processus des vendanges de nos grappes de l'automne prochain. Je m'en vais marcher un peu avec Bayard qui a grand besoin d'exercice, autant sinon plus que son vieux maître !

Le Baron Charles-Edmond était toujours suivi comme son ombre par son chien, un Saint-Hubert à la belle robe fauve, dont il aimait les qualités extrêmes de fidélité et de compagnie. Il avait découvert cette race en lisant 'De la nature des chiens', le Chapitre II du *Livre de chasse* de Gaston Phébus, dans la grande bibliothèque de son château patiemment construite par la lignée de ses ancêtres et enrichie depuis par ses soins au gré de ses voyages et de ses envies. Il n'avait eu de cesse alors que de faire venir un mâle et une femelle Saint-Hubert des Flandres, et de la portée de six chiots issus de l'accouplement, il s'était gardé le plus beau, celui qui mordait durement la tétine de sa mère et bousculait allègrement ses frères et sœurs pour leur chiper la meilleure place et obtenir ainsi double ration.

Il l'avait appelé Bayard en souvenir du Chevalier 'sans peur et sans reproche' Pierre Terrail, Seigneur de Bayard, qui avait combattu pour le Roi François 1er et l'avait adoubé Chevalier après la grande victoire de Marignan le 1er janvier 1515, François ne voulant l'être que de la main même du plus preux de ses soldats. La famille du Baron Charles-Edmond de Saint-Saëns vouait un grand culte tant au Roi Valois qui avait offert ses Lettres de Naturalité à l'ancêtre Jacques venu d'Aragon, qu'à ses successeurs sur le trône de France. Un beau tableau du Roi François que l'on attribuait au peintre Jean Clouet ou à son atelier ornait la salle de lecture de la bibliothèque qui avait été baptisée par son arrière-grand-père Louis, fils aîné de Jacques de Saint-Saëns, 'Bibliothèque François 1er' en mémoire du père adulé emporté par une crise d'apoplexie en sa soixante-dixième année au milieu d'un champ de vigne.

Jean-Baptiste de Saint-Saëns, son grand-père, avait combattu, lui, aux côtés d'Henri IV, lors du siège de Paris de 1590, et il accompagnait encore le Roi lors de son sacre en la Cathédrale de Chartres le 27 février 1594. Retourné sur ses terres de Guyenne après l'entrée dans Paris en mars de la même année avec en cadeau un doublement de la pension royale pour bons et loyaux services, Jean-Baptiste avait appelé l'aîné de ses fils Henri en souvenir de son ami, le bon Roi Henri, tristement assassiné en mai 1610 par un Catholique fanatique, Ravaillac. C'est Jean-Baptiste qui avait commandé et fait poser au-dessus de la majestueuse cheminée de la salle à manger un tableau d'Henri IV par François Bunel le Jeune, peintre et valet du Roi de Navarre avant de l'être du Roi de France, qui plus est ami de ripaille et de boisson du Baron de Lesparre.

Charles-Edmond, avançant à travers les rangs de vigne suivi de près par Bayard qui batifolait, se rappela avec émotion qu'il avait l'habitude d'admirer ce tableau représentant le Roi, le torse en armure, l'épée au côté gauche, la main droite en écharpe comme s'il avait été blessé, avec son fils aîné, François-Henri. Il se souvint des paroles de l'enfant âgé alors de dix ans – 'Un jour moi aussi j'irai à la guerre comme notre ancêtre Jean-Baptiste, et je défendrai notre Roi. S'il le faut, je donnerai ma vie pour lui !'-, et sifflant son chien pour qu'il ne s'éloignât pas trop, il dut s'arrêter un moment pour retenir ses larmes et contrôler l'émotion qui lui serrait soudain la gorge.

Charles-Edmond s'appuya sur un poteau qui marquait la fin d'un rang de vigne et, la tête sur l'avant-bras gauche, il éclata en sanglots. 'Mon grand, si valeureux, si guerrier !', pensa-t-il avec amertume. François-Henri de Saint-Saëns s'en était allé à vingt-quatre ans servir le Roi Louis XIV dans l'une de ses guerres incessantes en Europe septentrionale. Enrôlé dans la première compagnie des Mousquetaires du Roi, il avait participé au siège de la ville de Maastricht pendant la Guerre de Hollande contre les Provinces-Unies. C'est là qu'il allait mourir le 25 juin 1673 sous le feu des mousquets ennemis.

Lorsqu'un pli apporté par deux Mousquetaires à cheval était venu lui révéler la tragique nouvelle, Charles-Edmond, claudiquant sous le choc plus que marchant, était allé prier pour le salut de son fils dans la chapelle du château, rejoint par tous ses gens qui spontanément avaient abandonné leur poste de travail à l'appel du tocsin pour venir le soutenir dans sa terrible épreuve. Le chagrin l'avait fortement ébranlé. À la suite d'une nuit en prières, ses cheveux d'un noir de jais auparavant avaient soudainement blanchi. Il avait décidé au petit matin de monter à Paris pour tenter de savoir comment François-Henri était tombé. Il ne doutait point de la bravoure de son fils, mais il voulait entendre de vive voix la version officielle de sa mort.

Il fut reçu avec beaucoup d'égards au Palais du Louvre par un Conseiller du Roi, qui lui fit savoir que son fils était mort en brave, en entraînant à sa suite trois autres Mousquetaires loin dans les lignes ennemies pour ramener le corps de leur Capitaine-Lieutenant, Charles de Batz de Castelmore d'Artagnan, abattu d'une balle dans le cou. Le Roi Louis XIV qui aimait Monsieur d'Artagnan et lui avait accordé toute sa confiance, ne cacha pas son chagrin, versa d'amères larmes et vint se recueillir dans la chapelle ardente, où les dépouilles mortelles du chef et de ses quatre valeureux soldats avaient été placées. Le Roi avait demandé les noms de ceux qui avaient donné leur vie pour leur patrie, pour leur Roi et pour son ami, et il avait hautement salué leur mémoire, retirant même son chapeau devant leur cercueil. Le Conseiller du Roi remit au Baron de Lesparre, en le raccompagnant avec force affection à la porte de son bureau, l'épée de son fils et un pli portant le sceau royal qui valait accès auprès du Roi pour le saluer quand il le voudrait. Sa Majesté serait heureuse, lui dit-il, d'en apprendre plus sur la jeunesse et la vie de son soldat héroïque de la bouche même de son digne père.

L'on avait enterré François-Henri de Saint-Saëns et ses trois compagnons d'infortune dans un petit cimetière parisien réservé aux Gardes du Roi et aux soldats méritants. Charles-Edmond avait longuement parlé à son fils sur sa tombe et avait décidé de ne pas le séparer de ses trois compères. Ensemble ils avaient combattu, ensemble ils étaient tombés au champ d'honneur, ensemble ils dormiraient pour l'éternité. À son retour, Charles-Edmond lui rendit un vibrant hommage sur son domaine, et l'on mit en terre un chapeau et un uniforme de Mousquetaire du Roi, ainsi que l'épée avec lequel son fils, à n'en pas douter, avait dû pourfendre quelques vaillants ennemis avant de goûter enfin le repos du juste. Les Seigneurs de la vigne de toute la région, les membres du Parlement, ainsi que les représentants du clergé, vinrent saluer la mémoire du fils de leur collègue vigneron et ami.

On savait le Baron veuf, et son deuxième fils était entré dans les ordres avant de rejoindre les rangs des Jésuites. Charles-Edmond de Saint-Saëns n'avait donc plus d'héritier direct. Or, ses vignes étaient parmi les plus belles et les plus productives de la région. Ce n'était donc peut-être pas sans une arrière-pensée que le Premier Président du Parlement de Bordeaux Arnaud de Pontac lui présenta sa fille Émilie à la sortie de la chapelle. Une union suivie d'une naissance pouvait aider à constituer un groupe commercial puissant et conquérant qui aurait non seulement ses entrées à la Cour mais surtout pourrait espérer des débouchés plus larges sur le marché européen du vin. La jeune femme lui fit une charmante révérence. Elle avait les yeux rougis d'avoir pleuré durant le mémorial et le service religieux ; son empathie ne manqua point d'émouvoir Charles-Edmond. Elle fit quelques pas avec lui, et assura le Baron de son dévouement et de sa disponibilité s'il avait besoin d'une aide féminine pour surmonter cette étape difficile de sa vie.

Charles-Edmond, barbon chenu de bientôt cinquante-cinq ans, tomba amoureux du jeune tendron blondinet de vingt-trois ans que la Providence semblait vouloir lui offrir pour adoucir sa peine et rendre plus agréable la vieillesse qui s'approchait à grands pas. Son fils Nicolas était sur le point de s'embarquer pour le Nouveau Monde et y rallier le Paraguay, où les Pères Jésuites mettaient en pratique leurs visions d'une société plus juste envers les Indiens Guaranis d'Amérique du Sud victimes des *Bandeirantes* brésiliens esclavagistes. Il lui conseilla de ne pas s'emballer et de bien réfléchir avant de mener devant l'autel une jeunette qui paraissait légère et tête-en-l'air, pour ne pas dire plus. Une veuve dans la trentaine, voire la quarantaine, même avec quelques enfants à charge, ferait mieux l'affaire pour lui donner le nouvel héritier qu'il en attendait.

Ce fut peine perdue. Le 1er juillet 1674, Charles-Edmond de Saint-Saëns prenait pour seconde épouse Émilie de Pontac. Alléguant le deuil de son fils, le Baron avait souhaité un mariage discret avec une cérémonie simple. Telle n'était pas l'intention de la famille de la mariée. Il eut lieu en la majestueuse Basilique Saint-Seurin de Bordeaux et réunit le gratin des jurats de la ville, des parlementaires, de la noblesse et du clergé qui comptait dans Bordeaux et ses environs. La jeune femme se donna le soir même à son époux avec un appétit charnel féroce qui réveilla les sens endormis de Charles-Edmond. Le premier mois dans le Château de Lesparre ne fut qu'un feu d'artifice de baisers, de petits messages doux, d'étreintes enflammées en tous lieux et à toute heure. Et puis le soufflet, comme c'était à prévoir, retomba. La jeune épouse tardant à s'arrondir de ses œuvres, Charles-Edmond s'en retourna vaquer à ses multiples occupations de châtelain vigneron.

Émilie aimait les chevaux et montait bien, galopant avec fougue et sans peur comme un cavalier aguerri. Son mari lui offrit donc un magnifique destrier andalou à la robe blanche immaculée pour ses sorties d'amazone, et un palefroi de robe marron tachetée de blanc pour des promenades plus sages à travers prés. Émilie, folle de joie, s'adonnait une grande partie de la journée à l'équitation et passait des heures entières aux écuries à bouchonner et nourrir ses deux bêtes avec amour. 'Nous pourrions développer un haras qui dans quelques années aurait fière allure', se plaisait à lui dire Charles-Edmond qui se réjouissait fort de la savoir heureuse. Sans s'en rendre compte, petit à petit, le Baron de Saint-Saëns refermait la parenthèse douloureuse de la mort de François-Henri.

- Allez, Bayard, on rentre ! Nous allons faire une surprise à ta maîtresse !

Charles-Edmond se sentait las. Le ventre creux, il souhaitait se restaurer dans les cuisines du château, où son cuisinier et ses aides lui prépareraient avec diligence une belle omelette baveuse au jambon et aux petits oignons comme il l'aimait, agrémentée d'un pichet de grave de l'année 1669, où la combinaison d'un soleil éblouissant de lumière et de giboulées providentielles avait donné une récolte superbe et un vin vermeil de grande classe. Il serait bien temps, une fois rassasié, d'aller lutiner sa jeune épouse en une sieste coquine et libertine dont elle seule avait le secret.

Son père, Henri de Saint-Saëns de bonne mémoire, emporté jeune encore dans la quarantaine après un repas trop arrosé et une digestion difficile, avait apporté tout son soin à la réfection de la grange attenante à l'étable. Charles-Edmond se souvint avec nostalgie en passant devant, comme il aimait l'accompagner dès huit ans au temps de la moisson des champs de blé, d'orge et d'avoine. Regarder les paysans couper les épis avec leurs faux et leurs faucilles le fascinait. Il les aidait à confectionner des gerbes bien faites, et tous riaient et applaudissaient de le voir utiliser durant le battage des épis le fléau miniature que son père avait fait construire adapté à sa petite taille d'alors. Le curé de l'église de Civrac venait traditionnellement bénir la dernière gerbe et dire une messe en plein air au milieu des champs, l'ultime dimanche d'août. Le Baron offrait dans l'après-midi un grand repas à tous les journaliers travailleurs des champs pour les remercier de leur dévouement sans faille durant deux semaines. Son épouse, Jeanne, pieuse et chrétienne, servait les viandes, aidée de ses filles plutôt timides qui offraient des légumes, avant de s'asseoir à la tête de la table aux côtés de son époux, entourés de leurs cinq enfants.

- Non, Bayard, murmura Charles-Edmond à l'oreille de son chien à la porte des écuries, tu ne peux pas entrer. Tu vas faire peur aux chevaux qui pourraient hennir et ruer, et peut-être blesser mon Émilie.

Le Baron attacha le Saint-Hubert à l'anneau de fer sur un mur adjacent du bâtiment d'où s'échappait une bonne odeur de litière et de crottin frais. Il voulait surprendre son épouse, l'admirer quand elle nettoyait ses chevaux, leur parlait et les soignait. Il la découvrait peu à peu, et son amour pour elle grandissait chaque jour.

Ce qu'il vit en s'approchant sur la pointe des pieds lui brisa le cœur. Émilie, son Émilie, gémissait de plaisir sur la paille, chevauchée allègrement par le Maître-Palefrenier ! Nicolas l'avait donc bien jugée : elle n'était qu'une vile gourgandine, seulement intéressée par ses terres et par ses vignes ! Sous les coups de boutoir de l'étalon humain derrière elle qui la saillait, la femme infidèle laissait échapper un flot de paroles incohérentes, encourageant son cavalier à la fourrager avec encore plus d'allant. Bon Dieu, quelle petite catin de bas étage! faillit s'exclamer Charles-Edmond qui se mordit les lèvres pour ne point trahir sa présence.

Lorsque l'homme finalement s'écroula sur ses reins, Émilie soupira de joie, frétilla de la croupe comme une jument en chaleur montée par un cheval en rut et, après s'être libérée de son emprise, le félicita d'une tape sur ses fesses nues et luisantes de sueur :

- Bravo, Monsieur ! Vous m'avez honorée avec fougue, comme il se devait ! Je n'en attendais pas moins de vous. Ma récompense en espèces sonnantes et trébuchantes sera à la hauteur de vos efforts, d'autant plus belle, si vous parvenez à me mettre enceinte dans les mois qui viennent. Mon benêt de mari n'y verra que du feu, et je lui ferai croire sans difficulté que l'enfant à naître est le fruit de son amour indéfectible pour moi. Retirez-vous maintenant. Nous nous reverrons demain en ce même lieu à la même heure pour une autre séance. Je vous prierai de ne pas me faire attendre! Allez, Monsieur !

Charles-Edmond s'esquiva avant que l'homme qui se rajustait en silence ne sortît. La tête lui tournait. Pris de hoquets incontrôlables, il s'arrêta, en route vers l'aile principale du château, pour vomir de la bile derrière l'étable. Bayard le regardait d'un air inquiet. Il ne reconnaissait pas le comportement de son maître et geignait comme un chiot. Le Baron passa par le poste de garde et s'entretint seul à seul de longues minutes avec le Capitaine de ses gardes. Il se rendit aux cuisines ensuite, et demanda à ses serviteurs qu'on lui servît un repas pour deux personnes dans la grande salle à manger du château. Puis il fit savoir à la Dame de Compagnie d'Émilie d'aller dire à son épouse que Monsieur le Baron l'attendait pour déjeuner avec elle et mandait qu'elle se pressât.

Quand Émilie entra, Charles-Edmond, souverain dans son fauteuil à la tête de la table, l'invita avec un large sourire à s'asseoir à côté de lui. On leur avait déjà servi un bon bouillon de poule :

- Enfin vous voilà, ma mie ! Je commençais à m'inquiéter ! Ne vous excusez point : les jolies femmes n'ont-elles pas toujours le droit de se faire désirer ? Mangez, la soupe va être froide... Mais vous êtes toute rouge et semblez passablement essoufflée. Avez-vous donc couru ?

- Oui, Monsieur. Je prenais soin des chevaux que vous m'avez offerts, quand on m'a dit que vous me demandiez en l'instant. Je m'inquiétai de votre état de santé et me dépêchai de venir vous rejoindre, comme il se doit d'une épouse aimante.

Charles-Edmond lui prit la main et la baisa tendrement :

- Émilie, je me réjouis de votre ardeur à vous occuper dans les écuries, et je vous remercie de votre marque d'amour. Ah, à propos d'écuries, saviez-vous que notre Maître-Palefrenier nous a quittés ? On l'accuse au village, preuves à l'appui selon des témoins catégoriques, d'avoir violenté la toute jeune fille à peine nubile d'un de nos paysans, et le Chef de ma Garde s'est emparé de sa personne, il y a de cela moins d'une heure, pour la remettre au bras séculier. Si ce scélérat n'est pas pendu haut et court dans les jours qui viennent, il sera castré d'abord comme le porc qu'il est, puis envoyé aux galères. Qui l'eût cru, n'est-ce pas ? J'espère qu'il ne vous a jamais manqué de respect, quand vous vous trouviez dans les stalles de vos chevaux. Peut-être m'en vais-je le faire mettre à la question ordinaire, pour savoir s'il ne tramait point quelque obscène attentat à l'encontre de votre vertu. Oui, c'est ma foi une bonne idée…

Émilie, rouge comme une pivoine, protesta que l'homme s'était toujours bien conduit envers elle, et pria son mari de bien vouloir lui épargner la torture. À l'entendre, son châtiment, de toute manière, serait bien assez sévère comme cela.

- Comme il vous plaira, ma chère. Croyez bien que je lui ferais arracher la langue avec des tenailles rougies au feu s'il lui venait l'idée de proférer des mensonges éhontés sur vous, fruits de ses fantasmes pervers de roturier trop ambitieux ...

Émilie tremblait, saisie de peur par la froide détermination qu'elle percevait dans la voix de son époux. Se pouvait-il qu'il sût, se dit-elle avec effroi ?

- Vous êtes trop sensible, ma bonne, reprenez-vous. Peut-être vous ai-je choquée en parlant du sort qui attendait ce triste sire, et je m'en excuse volontiers. N'ayez point de pitié pour lui, cependant. Il s'est mal conduit, et ce faisant, il a trahi ma confiance et la vôtre. Nous le remplacerons par un autre encore mieux armé en savoir équin qui vous servira tout autant, n'en doutez point !

Charles-Edmond se tut et se resservit une grande assiette de soupe. Il regardait du coin de l'œil son épouse livide et trop décomposée pour saisir le double sens de ses paroles un brin moqueuses. Le Baron se dit avec satisfaction que la vengeance avait vraiment du bon, et il fit un geste de la main pour qu'on lui apportât les viandes. Il insista auprès de son épouse morte de honte, lui faisant les yeux doux :

- Allez, mangez, Émilie, vous dis-je ! Vous avez fait beaucoup d'exercice ce matin, il vous faut penser à reprendre des forces. Mais parlons d'autre chose, voulez-vous, Madame ? J'ai une bonne surprise pour vous, qui va achever de vous rétablir.

Inquiète après la véritable douche froide qu'elle venait de prendre, Émilie n'osait point poser de question, et c'est le nez plongé dans son assiette qu'elle attendit que Charles-Edmond voulût bien lui révéler ce qu'il en était de la dite 'surprise'.

- Dès lundi, ma mie, nous irons à la Cour du Roi de France, au Château de Saint-Germain-en-Laye. Sa Majesté m'a invité à venir la saluer à l'occasion de la mort de mon fils aîné François-Henri. Je crois que le moment est venu d'honorer cette demande que je ne me suis pas senti le courage de satisfaire en son temps. Le changement d'air, par ailleurs, vous fera du bien, vous verrez. Nous musarderons en chemin, et notre périple sera comme le voyage à la capitale que je vous avais promis au moment de nos noces et que nous n'avions pu faire, eu égard à mon deuil d'alors. Une fois arrivés à Paris, je vous achèterai quelques robes somptueuses et les chaussures et les chapeaux qui iront avec, pour que vous n'ayez pas à rougir devant ces dames de la Cour. Vous êtes belle et jeune, et je ne doute point que nous aurons l'occasion de participer à quelques fêtes enjouées, où vous pourrez donner libre cours à votre nature joyeuse et mutine.

- Mon cher époux, lui répondit Émilie, esquissant un léger sourire de reconnaissance avec force difficulté en raison du traumatisme qu'elle venait d'endurer, vous êtes trop bon, et je ne mérite point tant de cadeaux de votre part. Sachez que je ferai tout ce qui sera en mon pouvoir pour vous le rendre au centuple.

- Je n'en doute point, Madame. Ce voyage nous permettra aussi de nous retrouver. Peut-être vous ai-je un peu trop négligée en m'occupant assidûment de mes affaires, et je saurai me le faire pardonner en vous gâtant plus que de raison. Mais, je vais me taire maintenant, ma mie, pour vous laisser manger à votre faim. Nous continuerons de nous entretenir de tout cela plus tard à l'heure de la sieste, où je serai heureux de vous câliner, tout en vous écoutant me parler de votre amour pour les chevaux.

Paris, 10 mai 1676.

Crispée au début, Émilie s'était détendue, au fur et à mesure que la calèche du Baron qui les emmenait à Paris s'éloignait du Château de Lesparre. Elle but sa honte jusqu'à la lie et comprit que son mari les avait surpris en pleine action, lorsqu'il exigea le premier soir du voyage qu'elle se donnât dans la même position qu'elle avait adoptée avec le Maître-Palefrenier. Elle y consentit et, se prenant au jeu, décida d'apprendre à Charles-Edmond ce qu'elle savait et qu'il ignorait encore sur les mystères de l'amour. Au bout de quelques nuits de luxure digne des meilleurs bordels de Bordeaux dans des chambres de relais de poste successifs, la jeune épouse s'était d'une part fait pardonner, et d'autre part s'était rendu compte que son époux n'était pas si niais, mais qu'il manquait simplement de pratique. Un lien plus fort se tissa entre elle et Charles-Edmond qu'elle n'entendait plus rompre.

Ils descendirent à l'Auberge de l'Autruche à deux lieues d'Orléans sur la route de Paris. La patronne, une femme obèse aux énormes bras, les accueillit à la porte, les aida à abaisser le marchepied de la calèche, et leur proposa de dormir dans 'la Chambre du Roi', dont la fenêtre donnait sur la Cathédrale Sainte-Croix d'Orléans bien visible dans le lointain. La pièce tenait son nom au fait que le Roi Louis XIV, venu en pèlerinage, y avait passé deux nuits. Dans la continuité de son grand-père Henri IV qui avait commencé en 1601 les reconstructions de la Cathédrale après le vandalisme iconoclaste des Protestants en l'an 1568, Le Roi-Soleil avait décidé de lui imprimer une marque classique tout en lui conservant son aspect gothique général. Elle était presque achevée, conclut la patronne de l'Auberge de l'Autruche.

Pendant que Charles-Edmond s'assurait que ses chevaux étaient bien déharnachés dans les écuries de l'auberge et qu'on leur donnait à boire à satiété d'abord, puis à manger l'orge et l'avoine qu'il avait fourni, l'aubergiste montra le lit royal à Émilie et lui dit à voix basse avec un petit sourire de connivence qui la fit rougir :

- Vous y serez à votre aise, Madame, le matelas est souple et moelleux et propice aux ébats nocturnes. Le Roi lui-même l'a partagé avec l'une de ses favorites du moment et en a dit beaucoup de bien au lever. Imaginez donc, dormir dans le lit du Roi ! Puisse sa couche vous aider à trouver, votre époux et vous, un sommeil en tout point réparateur !

À leur arrivée à Paris, le Baron et la Baronne de Saint-Saëns trouvèrent à se loger dans un hôtel particulier à un pâté de maisons de la Place Royale que Charles-Edmond avait découverte lorsqu'il était monté à Paris à la mort de son fils. Les longues promenades solitaires qu'il avait faites autour des pelouses de gazon et des jets d'eau lui avaient mis du baume au cœur. Il s'était longuement recueilli devant la statue de Louis XIII que le Cardinal de Richelieu avait fait élever en 1639. Il avait admiré le Pavillon du Roi et, lui faisant face, le Pavillon de la Reine. Il avait mieux compris en ce lieu l'attachement de sa famille pour les Rois de France et le sens du sacrifice ultime de son cher et regretté François-Henri.

Le lendemain, Charles-Edmond proposa à Émilie de commencer à courir les magasins. Elle déclina gentiment son offre en des termes qui l'émurent :

- Mon époux, nous consacrerons ce jour à porter des fleurs sur la tombe de votre fils aimé François-Henri et de ses trois amis, puis nous nous rendrons à la Cathédrale Notre-Dame de Paris pour y faire brûler un cierge pour le salut de leurs âmes et celles de tous les nôtres.

Il pleuvait fort cet après-midi-là sur Paris, et les larmes de Charles-Edmond se mêlèrent à celles du ciel courroucé qui tombaient à verses. Émilie prit la main de son mari effondré et se tint stoïque à son côté sous son ombrelle. Elle comprenait peut-être pour la première fois de sa courte vie que le chagrin faisait partie du décor et qu'elle devait en assumer sa part.

Le parvis de la Cathédrale de Paris était glissant lorsqu'ils entrèrent en grelottant dans la nef gothique qui leur coupa le souffle. Émilie, qui n'avait jamais été très croyante, plus absorbée qu'elle était par sa petite personne et les plaisirs immédiats qu'elle pouvait en tirer, était impressionnée par la religiosité de l'endroit, et elle se surprit à aimer être assise sur un banc à regarder le Christ en Croix suspendu au-dessus de l'autel, à côté de Charles-Edmond agenouillé en prières. Ils soupèrent léger dans leur chambre et se blottirent l'un contre l'autre sous la couette gigantesque de plumes de leur lit pour réchauffer leurs membres engourdis. Charles-Edmond était fiévreux et délirait, et Émilie le berça contre son sein pour qu'il pût s'endormir.

Paris, 12 mai 1676.

La jeune femme cligna de l'œil, éblouie soudain par la lumière crue qui entrait par la fenêtre grande ouverte. Charles-Edmond la secoua gentiment:

- Ma mie, fini de dormir ! Debout, paresseuse ! Il fait beau de nouveau sur Paris aujourd'hui. Nous allons faire des emplettes !

La boutique de Madame Charpentier, était l'une des plus courues des princesses et des courtisanes de Versailles. On avait recommandé à Charles-Edmond de passer de très bonne heure pour éviter la queue de l'après-midi dans le petit salon d'attente à l'entrée. Les nobles dames procédant le matin à leur bain de modestie et au dégraissage de leurs cheveux qu'elles se gardaient bien de laver, le champ était libre pour qu'Émilie pût essayer robes et jupons à loisir sous la férule de la Charpentier elle-même.

- Ma petite, pour une première entrée à la Cour, il vous faut vous vêtir richement mais non outrageusement. Je vous conseillerai trois robes, un déshabillé et deux robes plus ouvragées pour les fêtes en soirée et, si Monsieur

le permet, une robe et ses assortiments pour le bal masqué que Sa Majesté a l'habitude de donner deux fois par mois.
- Faites, Madame, faites, lui répondit Charles-Edmond. Il n'y aura rien de trop beau pour mon épouse, pour autant qu'elle puisse briller et s'amuser à la Cour du Roi.

Sous l'œil ravi de son époux, Émilie essaya et choisit, habilement conseillée par Madame Charpentier qui posait des épingles à chaque fois que cela était nécessaire, les trois jupes superposées dénommées la 'modeste', 'la friponne' et la 'secrète'. À chaque fois, la couturière, en vendeuse avisée, expliquait au mari tout ouïe l'usage de chacune.
- Vous seul, Monsieur, hormis la Dame de Compagnie de votre épouse, aura l'heur de voir la secrète, car il faut lui soulever hardiment les robes pour la découvrir.
Émilie rougit jusqu'aux oreilles, et Charles-Edmond se rengorgea comme il se devait. Au bout de deux heures et demi d'une séance interminable, la Baronne de Lesparre avait largement renouvelé sa garde-robe et était prête à affronter la tête haute les regards

méprisants des Dames de la Cour envers une jeune noble de bas étage fraîchement arrivée du fin fond de sa province.

- Un grand merci, Monsieur le Baron ! Je vous ferai livrer les achats de votre épouse demain à l'heure de la sieste, une fois que nous aurons procédé aux légères retouches et ajouté les galants et les faveurs à la queue de sa robe. La maison vous offrira gracieusement une paire de gants d'Espagne parfumés. Nul doute qu'ainsi Madame la Baronne ne devienne la Reine de la fête au Château de Versailles !

L'après-midi fut consacrée d'abord à transformer Charles-Edmond et à le vêtir non plus comme un petit hobereau, aimable gentilhomme campagnard de Guyenne, mais comme un courtisan aisé et méritant qui allait être reçu par Sa Majesté le Roi Louis XIV : justaucorps, chemise, veste et cravate de lin blanc composeraient sa panoplie de rigueur pour affronter ce moment unique. La journée de dépenses effrénées culmina avec un passage obligé chez le perruquier le plus réputé de Paris, qui choisit, pour couvrir les cheveux poivre et sel de Charles-Edmond, une première perruque brune puis une seconde rousse. Émilie ne put s'empêcher de pousser un petit cri de joie lorsqu'elle le vit se présenter devant elle ainsi coiffé :

- Oh, mon ami, ces deux coiffures vous vont à ravir! Elles vous ôtent au moins vingt ans !

Ce soir-là, Charles-Edmond qui semblait en effet avoir recouvré une vigueur digne de l'époque de ses trente printemps, exauça à trois reprises les vœux de sa dame, la laissant toute alanguie et un peu contrite de ne pas avoir compris plus tôt le parti qu'elle pouvait tirer de son Baron, non seulement bien dégourdi maintenant, mais encore explorateur et conquérant de terres naguère encore vierges. Si telle devait être sa punition pour avoir fauté avec le malheureux Maître-Palefrenier – que Dieu ait pitié de son âme ! – elle en redemanderait autant de fois qu'il faudrait.

Versailles, 18 mai 1676.

- Veuillez entrer, Monsieur le Baron de Lesparre, le Roi vous attend !

Charles-Edmond se pressa derrière le valet qui lui ouvrait la porte du petit cabinet du Roi. Sa Majesté venait de déjeuner au Petit Couvert avec Monsieur, Philippe d'Orléans, son frère cadet et, terminant de se changer, se préparait à faire une longue promenade en ses jardins.

- Baron Charles-Edmond de Lesparre, soyez le bienvenu à la Cour ! Votre Roi vous adresse ses plus sincères condoléances. Le sacrifice de votre fils aîné, François-Henri, en une de ces maudites guerres que les puissances étrangères me livrent sans répit dans le but d'affaiblir notre Royaume de France, son sacrifice, dis-je, n'a pas été oublié, croyez-le bien ! Je me souviens encore parfaitement de la profonde émotion qui me saisit devant sa dépouille et celle de ses frères d'armes formant une ultime garde d'honneur à leur chef défunt, ce bon Monsieur d'Artagnan d'auguste mémoire. Les larmes, Monsieur, les larmes même me montèrent aux yeux !

Le Roi s'approcha de Charles-Edmond qui, très dignement, tentait de contrôler tant bien que mal ses sanglots, et il lui prit les mains, les serrant dans les siennes :

- Un brave parmi les braves, oui, impétueux, généreux, fougueux, héroïque enfin, tel est le portrait de votre fils, cher Baron, que l'on m'a rapporté et que je vous demande de bien vouloir conserver. J'ai décidé, pour honorer sa mémoire et remercier votre famille, fidèle au plus haut point depuis des générations à la France et à ses souverains successifs, qu'une charge héréditaire de Gentilhomme Garde du Roi serait attribuée à votre descendant mâle ou son cousin le plus proche physiquement apte, dès qu'il serait en âge de porter les armes. Le noble nom de Monsieur de Saint-Saëns brillera à la Cour, cher Baron de Lesparre, en témoignage de ma gratitude pour le sacrifice inégalable de votre fils, bien digne de ma devise, 'À nul autre pareil'.

Le Roi prit Charles-Edmond, très ému, par les épaules et continua, en s'avançant vers la porte :

- Aimez-vous marcher, Baron ? Vous allez m'accompagner dans ma visite des jardins du Château.

Mon Jardinier, André Le Nôtre, est sans égal en Europe. On me l'envie tant à Rome qu'à Londres, et on s'arrache ses conseils à prix d'or. Doué d'une grande imagination, il me dessine des jardins à la française qui ne dépareraient point à la Cour des Dieux de l'Olympe. Écoutez-le bien surtout, car c'est un excellent pédagogue ! Peut-être pourrez-vous ensuite appliquer quelques-uns de ses principes dans votre propriété de ma chère province de Guyenne.

Le roi se prit de sympathie pour Charles-Edmond de Saint-Saëns qui discourait librement avec le Jardinier Le Nôtre et montrait une excellente connaissance livresque de l'art des jardins à l'italienne de la Renaissance, fruit de ses séances nocturnes assidues dans la Bibliothèque François 1er de son château et de sa lecture de chevet des commentaires de son ancêtre Jacques de Saint-Saëns consignés dans son *Journal* intime. Louis XIV l'invita à se joindre au cercle de ses familiers et courtisans dans le Grand Appartement le lendemain à dix-neuf heures accompagné de son épouse, puisque l'on y danserait, jouerait aux cartes et au billard, jeu que Louis XIV appréciait par-dessus tout et qui, selon ses médecins, était bon pour la santé.

Émilie, le visage poudré et les yeux brillants de ravissement, vêtue de sa plus belle robe de gala qui mettait en valeur un généreux décolleté, fit une entrée remarquée qui interrompit les jeux et les rires pour un court instant. Le silence qui soudain envahit la salle surprit le Roi, absorbé par la partie de billard en cours, à un point tel qu'il se releva, la queue de billard en main, quelque peu courroucé. Puis, Sa Majesté ayant reconnu le Baron de Lesparre, le sourire lui vint aux lèvres et elle lui fit un signe :

- Monsieur de Saint-Saëns, approchez, mon ami, et présentez-nous donc cette charmante enfant qui semble avoir pétrifié d'admiration mes invités !

- Mon épouse, Votre Majesté, Émilie de Saint-Saëns, Baronne de Lesparre, lui répondit Charles-Edmond, ôtant son chapeau et pliant le genou pour faire la révérence à son souverain.

À son tour, Émilie en effectua une pleine de grâce qui surprit les courtisans les plus chevronnés, soulevant avec délicatesse les pans de sa robe entre ses doigts fins avant de s'incliner, la tête penchée vers le bas en signe d'humilité et de respect. Sa respiration haletante soulevait en rythme les deux îles flottantes que son corset serré à la taille ne demandait qu'à expulser. Le Roi les admira un instant en silence avant de mettre fin à l'attente du couple :

- Relevez-vous, Madame, et qu'il soit dit haut et fort que votre insigne beauté nous illumine tous ici ce soir. En guise de bienvenue, je m'en vais de ce pas vous présenter à mon amie, la Princesse Palatine, épouse de Monsieur, mon frère Philippe, Duc d'Orléans. Vous aussi, Monsieur de Saint-Saëns, relevez-vous, mon cher, et mêlez-vous donc à la cohorte sympathique de mes courtisans qui vous enseignera comment perdre tout votre argent à la table de jeux !

Le Roi prit Émilie par la main et la guida vers un petit groupe de jeunes dames de la Cour qui entouraient une forte femme au visage couperosé et aux traits vulgaires. Louis XIV l'abandonna alors en adressant un clin d'œil à sa belle-sœur :

- Prenez-en soin, Madame, et enseignez-lui les us et coutumes de notre cher Versailles, pour qu'elle sache y tenir son rang.

La Princesse Palatine se montra courtoise et vaguement moqueuse envers la jeune femme. Elle interrogea Émilie sur ses origines, et lui confessa apprécier fort le vin rouge de la Guyenne. Les dames de compagnie, pour leur part, la complimentèrent sur la couleur albâtre de sa peau. Émilie se sentait le centre d'attention et en rougissait de plaisir. On lui offrit un verre de Brandy, liqueur qu'elle ne connaissait point encore et qu'elle trouva amère. La tête lui tournait. Les exclamations des hommes qui s'amusaient autour des tables la saoulaient. Elle aperçut son mari, entouré d'un groupe de courtisans, riant aux éclats avec eux. Avant que de s'asseoir pour reprendre ses esprits, elle se rendit compte qu'il lui fallait soulager sa vessie au plus vite. Elle demanda discrètement où se trouvaient les commodités pour dames, et on lui indiqua une porte murale dans un renfoncement.

La petite pièce sombre n'était éclairée que par la lumière glauque de la lune à travers les carreaux de la fenêtre. Émilie se dirigea vers la chaise trouée au centre, se démena avec sa robe et ses trois jupons pour s'asseoir à son aise et se soulagea longuement en fermant les yeux, appréciant le silence absolu. Un petit crissement du parquet la tira bien vite de sa torpeur. Saisie d'effroi, elle demanda :

- Qui est là ? Il y a quelqu'un ? Répondez ou je crie !

- N'ayez pas peur, Émilie, lui répondit-on. Il ne vous sera fait aucun mal.

Émilie reconnut la voix de l'homme encore dans l'ombre :

- Majesté ! Vous ici !?

- Eh oui, ma chère, même un Roi doit libérer ses humeurs nocives de temps en temps ! J'étais venu par la porte de derrière pour satisfaire un besoin pressant contre le mur, quand, à ma grande surprise, vous êtes entrée. Je n'ai pas voulu vous interrompre.

Émilie mesurait pleinement l'incongruité de la situation dans laquelle elle se trouvait, fesses nues sur la chaise percée, devant le Roi qui, voyeur, l'avait admirée pendant qu'elle urinait. Elle aurait voulu mourir de honte.

- Je suis si confuse… En quel état me surprenez-vous, les jupes ainsi relevées…

- Ne vous excusez point, Madame. Je bénis la lune qui m'a permis d'apprécier à sa juste valeur la blancheur laiteuse de vos jambes.

Émilie se sentit perdre pied sous les compliments du Roi. Elle baissa les yeux et murmura :

- Votre Majesté est trop bonne…

Le Roi s'avança dans la clarté lunaire. Le souverain en lui avait laissé la place à un homme soudain brûlant de désir. Émilie le comprit lorsque Louis XIV posa ses larges mains ouvertes sur ses genoux en un signe d'appropriation. Elle retint celle qui se faisait décidément trop aventureuse :

- Mais enfin, Monsieur, vous n'y pensez pas ! Je suis une femme honnête et vertueuse… Je vous en prie, Majesté…

Louis XIV n'entendait pourtant pas en rester là :

- Allons, Madame, vous n'allez quand même point fâcher votre Roi ? Ayez confiance en moi, Émilie, nul n'en saura rien. Abandonnez-vous, ma chère, il n'est que temps maintenant...

Émilie pensa à son pauvre Charles-Edmond et regarda le Roi se déboutonner avec détermination. Elle comprit qu'elle ne pourrait dire non au souverain, et elle laissa sa propre envie prendre le dessus quand elle le vit triomphant devant elle. Minaudant, elle susurra :

- Majesté, sachez que je ne me rends point à vos avances, et qu'il vous faudra prendre la place de force...

Le Roi, soulevant les jambes de la jeune femme à deux mains l'attira vers lui et s'enfonça d'un coup en elle. Enhardi par ce premier succès, il lui répondit à l'oreille :

- Votre résistance, Madame la Baronne, ne rendra ma victoire que plus glorieuse...

Tôt au petit matin, Charles-Edmond de Saint-Saëns et son épouse regagnèrent les quartiers qu'ils avaient loués dans une auberge réputée du bourg de Versailles. Le Baron, passablement éméché d'avoir abusé des liqueurs servies à la demande, et fort en verve après avoir gagné aux cartes bien plus qu'il n'espérait, voulut, pour terminer en beauté la nuit, honorer une Émilie bougonne qui le repoussa sans ménagement, prétextant l'arrivée impromptue de ses menstrues. La jeune femme, encore toute endolorie de ses ébats acrobatiques avec son royal satyre, et les fesses meurtries et couvertes de bleus, sombra dans un sommeil réparateur en se disant que, perdue pour perdue, mieux valait-il l'être dans les bras d'un Roi que ceux d'un palefrenier.

Versailles, 21 mai 1676.

Charles-Edmond se réveilla en sursaut. Quelqu'un tambourinait du poing sur la porte de sa chambre :

- Courrier de Sa Majesté Le Roi, ouvrez la porte !

Charles-Edmond passa sa robe de chambre et réajusta son bonnet de nuit avant d'aller ouvrir. Quelle heure pouvait-il bien être, se demanda-t-il, en se frottant les yeux.

- Mes respects, Monsieur le Baron de Lesparre. Par ordre du Roi Louis XIV, il vous est intimé de vous présenter dans les deux heures au Secrétariat des Affaires Étrangères au Palais de Versailles, où vous recevra le Secrétaire d'État Simon Arnaud de Pomponne en personne. Vous partirez pour Rome ce jour même en mission royale auprès du Pape Clément X. Vous y accompagnerez Monsieur André Le Nôtre, Jardinier du Roi, qui a spécialement requis votre présence. Tous vos frais de bouche, de logis et de robe seront couverts par le Trésor de la Couronne de France.

Interloqué, Charles-Edmond demanda au gentilhomme en armes :

- Et qu'en sera-t-il de mon épouse ? M'accompagnera-t-elle? Je ne peux me résoudre à l'abandonner seule dans une auberge de province et si loin de nos terres !

- Ne vous inquiétez point pour elle, Baron. Tout a été prévu pour son bien-être et sa sécurité. Durant le temps de votre absence, la Baronne de Lesparre sera élevée au rang de Dame de Compagnie de Madame, Duchesse d'Orléans, et résidera au Château de Versailles dans l'appartement qui lui sera alloué conformément à la volonté du Roi Louis XIV.

Les adieux entre les deux époux furent brefs. Émilie félicita Charles-Edmond d'avoir su se gagner la confiance du Roi en si peu de temps, et l'encouragea à accomplir sa tâche diplomatique du mieux possible, sans se préoccuper plus avant de son sort. Elle l'assura qu'elle serait très bien auprès de la Princesse Palatine qui l'avait traitée avec respect et amitié lors de la soirée dans l'Appartement du Roi.

Il lui demanda encore de toujours veiller à protéger sa vertu et à sauvegarder sa réputation. Émilie se doutait bien, en son for intérieur, que son amant avait dû ourdir cette mission surprise pour éloigner son mari encombrant d'une manière qui fût digne et qui ne l'humiliât point. Se pouvait-il que Louis XIV la désirât tant ? La jeune femme sourit et se promit de tirer pleinement parti de la concupiscence du Roi, alors qu'elle embrassait une dernière fois sur le perron de l'auberge son tendre époux de nouveau cocufié et fort marri de devoir la quitter ainsi.

Lombardie, 5 juin 1676.

Le voyage vers Rome se révéla interminable et mouvementé. En dépit des relais de postes royaux qui permettaient à l'expédition officielle de changer d'attelage chaque cinquante lieues, il leur fallut plus de dix jours pour atteindre la frontière de Lombardie, territoire appartenant aux Habsbourg d'Espagne, après s'être embourbés deux fois entre Versailles et Lyon, et avoir été attaqués par une meute de loups affamés à la tombée du jour en Dauphiné. La vision des crocs blancs des énormes bêtes tentant de saisir à la gorge les chevaux de tête de la calèche avait glacé les sangs de Charles-Edmond de Saint-Saëns et de son compagnon d'infortune André Le Nôtre. Fort heureusement, le cocher herculéen qui fouettait à tour de bras les gueules bavantes des loups avait fini par décourager jusqu'aux plus coriaces d'entre eux. Alors que la calèche laissait derrière elle la meute hurlante et dépitée, le Baron de Lesparre se signa et se réjouit de ce que ce ne fût point un soir de pleine lune, où tous ces loups se fussent sans doute transformés en loups-garous diaboliques.

Après avoir franchi la passe des Alpes enneigées et glaciales, Le Nôtre demanda en cours de matinée que l'on s'arrêtât un instant dans une clairière embrumée pour qu'il pût soulager tranquillement sa cavité pelvienne encombrée. Mal lui en prit, car il se trouva soudain nez à nez avec trois bandits de grands chemins surgis de nulle part et bien décidés à dépouiller leur victime, dussent-ils la trucider pour ce faire. L'embuscade eût pu s'avérer fatale pour André Le Nôtre, si Charles-Edmond, qui tirait bien au pistolet, n'avait abattu avec sang-froid le gredin qui s'apprêtait à égorger le Jardinier du Roi après l'avoir égratigné au bras gauche d'un coup de couteau. Les deux autres mécréants, à la vue de leur compère occis pour le compte, s'enfuirent à toutes jambes sans demander leur reste. Charles-Edmond, pas mécontent de son coup de feu, apostropha aimablement son vis-à-vis encore tout tremblant de peur avant de remonter dans la calèche :

- Assurez-vous toujours à l'avenir, Monsieur, que les commodités du lieu soient libres de tout individu malfaisant, ou vous pourriez bien en perdre l'envie, voire même la vie !

Les riches terres à blé de la plaine lombarde se déroulaient à perte de vue devant leurs yeux, au fur et à mesure que l'on s'approchait de Milan. Charles-Edmond se sentait bien seul sans son Émilie. Saurait-elle s'adapter à la vie de la Cour ? Combien de temps allaient-ils devoir être séparés ? L'absence de son épouse lui pesait, et il se rendait compte maintenant de la place que la jeune femme avait prise peu à peu à ses côtés. Pour tuer le temps, le Baron s'était plongé dans la lecture de son livre de chevet préféré, une édition brochée in-quarto publiée chez Abel Langelier de 1588 des *Essais* de Michel de Montaigne qu'il avait héritée de son grand-père. Charles-Edmond avait toujours savouré les réflexions de l'essayiste bordelais que son aïeul avait côtoyé un temps à la Cour du Roi de Navarre puis de France Henri IV. Il en aimait le style caustique, analytique et sceptique tout à la fois. 'L'arrière-boutique' de Montaigne finalement, se disait-il après tant d'années passées à ressasser les écrits de l'humaniste bordelais, était la sienne, une quête insatiable pour 'se connaître, bien vivre et bien mourir'.

Cependant, ce n'étaient pas tant les *Essais* qui l'intéressaient dans cette édition, que *Le Journal de voyage en Italie*, récit du voyage que Michel Montaigne entreprit dans la Péninsule en 1580 et 1581. Charles-Edmond se demandait quelle Italie il allait découvrir, si elle ressemblerait encore à celle de la Renaissance décrite par Jacques de Saint-Saëns dans son *Journal* ou bien plutôt à celle de la Contre-Réforme du Seigneur d'Eyquem, analysée et décryptée lors de son vaste périple européen à la recherche d'eaux thermales capables de le guérir de la gravelle qui le rongeait inexorablement.

Le Baron de Lesparre n'ignorait point non plus que le Tribunal du Saint-Office avait mis à l'Index cette même année de 1676 les *Essais* de Michel de Montaigne. L'Inquisition, toujours aussi nuisible et dangereuse qu'elle avait pu l'être du temps de Jacob et Myriam Saenz, ses ancêtres juifs de Barcelone, semblait s'acharner contre tous ceux que sa famille aimait ou approchait. Il lui faudrait voir à rester prudent à Rome et cacher ce livre de tout regard mal intentionné. Son statut équivoque de diplomate temporaire ne le mettrait pas à l'abri des avanies toujours possibles des gardiens zélés de la foi catholique.

Rome, 10 juin 1676.

André Le Nôtre, conscient que le Baron lui avait sauvé la vie, lui vouait depuis sa mésaventure une admiration sans bornes doublée d'une reconnaissance éternelle, et il se montra envers lui plein de prévenances qui rendirent la fin du voyage italien entre la Lombardie et les États Pontificaux très agréable. À leur arrivée à Rome, les deux hommes se rendirent au Palais Farnèse, résidence de l'Ambassadeur Extraordinaire de France près le Saint-Siège, François-Annibal II, Duc d'Estrées, Pair de France, en poste depuis 1671. L'homme avait embrassé la carrière diplomatique au service du Royaume avec passion après une longue période comme Gouverneur de l'Île-de-France. Doté d'une grande culture, il parlait le français avec une légère pointe d'accent picard. Chaleureux et ravi d'avoir des hôtes de passage, il entreprit de leur faire visiter lui-même son Palais, dont la décoration, emblématique du Baroque italien, était d'une richesse inimaginable qui allait laisser pantois Charles-Edmond de Saint-Saëns :

- C'est le Cardinal Alexandre Farnèse, devenu Pape sous le nom de Paul III en 1534, qui l'acheta et le fit construire dans un style Renaissance, d'abord par l'architecte Antonio Da Sangallo le Jeune, puis par le grand Michel-Ange, et enfin par les deux architectes, Giacomo Vignola et Giacomo Della Porta, adeptes de la 'Belle manière', comme la définissait Giorgio Vasari dans son livre, *Vies des plus grands peintres, sculpteurs et architectes*, publié dans sa version finale en 1568. Vous en trouverez un bel exemplaire relié dans notre Bibliothèque. Oui, Messieurs, Il n'aura fallu pas moins de trois quarts de siècle pour venir à bout de la construction du Palais Farnèse !

Charles-Edmond ne put s'empêcher de couper l'Ambassadeur François-Annibal d'Estrées :

- Quel Pape que ce Paul III ! Je me souviens d'avoir lu dans le *Journal* de mon ancêtre Jacques de Saint-Saëns, sur l'étendue de son œuvre humaniste et la grandeur de celle-ci. Non seulement fut-il un homme de la Renaissance, mais en plus, c'est lui qui mit en marche le Concile de Trente à partir de 1545, afin de lutter contre les Luthériens et autres Huguenots et réformer l'Église Catholique en profondeur de l'intérieur ! Mon fils Nicolas, qui est Jésuite et se trouve à l'heure actuelle dans la Province du Paraguay au Nouveau Monde, m'enseigna que ce fut le Pape Paul III qui approuva la Compagnie de Jésus d'Ignace de Loyola et de ses premiers compagnons en 1540 par la Bulle papale *Regimini Militantis Ecclesiae*.
- Mon cher Baron, voilà une information qui vous sera très précieuse auprès du Pape Clément X, puisque vous n'ignorez point que l'un des vœux des Jésuites est l'obéissance au Pape. Je vais m'assurer auprès de son Secrétaire d'État, mon ami le Cardinal Decio Azzelino, que Sa Sainteté vous reçoive en audience privée au plus vite. Clément X a canonisé le Jésuite Saint François

Borgia, et il a une affection toute particulière pour le Nouveau Monde, dont il éleva également à la sainteté l'une de ses filles natives, Sainte-Rose de Lima, première Sainte des Amériques. Sa Majesté Louis XIV compte beaucoup sur les services de notre Ambassade pour faire infléchir la politique extérieure papale en faveur de la France et au détriment de l'Espagne. Votre entremise, Monsieur de Saint-Saëns, lui sera en ce sens très utile.

L'Ambassadeur de France se tourna vers le Jardinier du Roi :

- Quant à vous, Monsieur Le Nôtre, le fait que vous ayez été anobli l'an dernier en 1675 en recevant l'Ordre de Saint-Michel des mains du Roi Louis XIV vous aidera. Votre réputation comme l'un des meilleurs paysagistes d'Europe n'est plus à faire. Le Pape, les membres de la Curie et leurs architectes respectifs ont eu entre les mains des croquis de vos jardins de Wattignies, du Louvre, de Vaux-Le-Vicomte et de Versailles. Je crois qu'ils seront très curieux de vous écouter et de comparer vos méthodes et votre vision avec celles des Jardiniers des États d'Italie. Peut-être apprendrez-vous d'eux aussi. Soyez attentif, ils vous surprendront par leur ingéniosité. Je vous ferai préparer des entrevues avec vos collègues dépendant du Saint-Siège et vous mettrai en rapport avec plusieurs de mes confrères Ambassadeurs d'États de la Péninsule dès demain. Mais pour l'instant, continuons notre visite, voulez-vous ? Je vais vous montrer maintenant le magnifique travail accompli par Annibal Carracci, ou Carrache comme l'on dit chez nous, dans le Camarin et dans la galerie du Palais. Ses fresques consacrées au thème de l'amour relèvent du génie. Son *Triomphe de Bacchus et Ariane*, qui date du début du siècle, en est la plus belle pièce.

Charles-Edmond, en l'admirant, ne put s'empêcher de penser à Émilie. Le cœur gros, il s'inquiétait de ce qu'elle ne s'ennuyât à la Cour, elle qui aimait tant les grands espaces. Il la savait frileuse, et craignait qu'elle n'allât attraper froid dans les interminables couloirs et alignements de pièces glacées du Palais de Versailles. Il demanderait au Pape Clément X de bénir leur union. Peut-être Dieu, dans son immense bonté, lui accorderait-il sa grâce et lui permettrait-il d'obtenir un autre fils pour atténuer la douleur insondable de la perte de son aîné.

Versailles, 15 juin 1676.

La jeune femme, qui montait à cru comme un homme, déboula à bride abattue de la forêt de feuillus. Elle éperonna à coups de talons son cheval qui, hennissant rageusement, s'enleva avant de s'engager dans des labours fraîchement retournés. Les sabots vite lourds, le coursier, fatigué, ralentit l'allure. Satisfaite et heureuse, la cavalière remercia sa monture essoufflée en lui flattant l'encolure du plat de la main et la retint, pour que son partenaire, qui avait fait irruption à son tour d'entre les arbres, parvînt enfin à les rejoindre. N'en pouvant plus mais, celui-ci s'écria :

- Émilie, arrête ! Tu galopes trop vite pour que je puisse te suivre! J'ai peur de chuter de nouveau et de me recasser le bras!

La Baronne de Lesparre se retourna en riant, rétorquant avec audace au Roi de France qui la suivait tant bien que mal sur son fougueux destrier :

- Louis, quel Roi es-tu donc, qui capitule devant une pauvre femme ?

Le Roi se saisit des rennes du cheval de la cavalière de la main droite et lui répondit en souriant :

- Coquine, je pourrais te faire pendre pour un tel affront à ton Roi, mais je te pardonnerai si tu consens à me donner un baiser…

Les deux perdreaux s'embrassaient encore quand les Gentilshommes Gardes du Roi s'approchèrent, restant toutefois à distance respectable pour ne point gêner l'intimité du souverain et de sa favorite.

Émilie de Saint-Saëns était devenue la maîtresse patentée du Roi de France Louis XIV, une fois son mari éloigné de la Cour comme il se devait pour respecter les règles de bienséance. Le Roi chassait avec elle chaque après-midi, qu'il plût ou ventât, et s'émerveillait de ses talents d'amazone. Il appréciait aussi son affection pour la gent chevaline et aimait qu'elle le conseillât sur la monte et les soins à apporter à ses coursiers. Il la trouvait raisonnable et raisonnée, et ne pouvait se lasser de son corps qu'elle lui abandonnait avec une mansuétude infatigable dans le petit pavillon de chasse de Versailles, où les tourtereaux se ressourçaient en prenant d'abord un bain chaud.

Émilie attachait beaucoup d'importance à la propreté corporelle et nettoyait son souverain à grande eau comme l'eût fait la meilleure Geisha du Shogunat japonais, en employant des bouts de tissu comme gants de toilette. Le Roi, plus habitué aux parfums qui masquaient l'odeur de la sueur ou tout simplement la puanteur corporelle, était fort craintif d'attraper quelque maladie roturière au contact de tant d'eau. Il se laissait pourtant laver avec d'autant plus de bonne volonté que la séance du bain se terminait toujours par quelques privautés de la bouche soyeuse de la jeune femme. Elles menaient le souverain à un Paradis que semblaient vouloir lui refuser l'Église Catholique et le Pape, ulcérés de ses comportements immoraux, de sa main mise sur l'Église de France par le droit de régale, et de son côté va-t-en-guerre qui ravageait son pays et l'Europe, et divisait la Chrétienté au lieu de la souder contre les Protestants.

- Louis, as-tu des nouvelles de mon époux ? Je m'inquiète de son sort, s'enquit la jeune femme, mollement étendue sur les coussins du lit à baldaquin du pavillon royal, à peine recouverte d'un drap de lin. Le Roi achevait de se restaurer à la table dressée à côté de la couche, tentant de recouvrer les forces que sa belle s'évertuait à lui retirer fois après fois.

- Ne t'en fais pas, ma divine. Il est à Rome. J'ai reçu d'excellentes nouvelles de lui de mon Ambassadeur là-bas. Il va me servir d'ailleurs bien mieux que ce que j'en attendais, et si le résultat de sa mission à la Cour du Pape s'avérait positif comme tout semble de prime abord l'indiquer, je pourrais bien le faire Vicomte pour loyaux services rendus à la Couronne...

- Et je serais Vicomtesse ? Oh, oui, Louis, oui ! Que voilà une bonne idée, mon beau ! Mais assez mangé maintenant, Monsieur mon Roi. Vous allez prendre du ventre ! Venez donc plutôt embrasser le mien, qui se sent tout abandonné et si triste qu'il en pleure. Pauvre de lui ! Voyez donc, Monsieur, dit la jeune femme écartant le drap qui couvrait son intimité la plus secrète.

Le Roi rejeta la grappe de raisins qu'il dégustait grain après grain, et se jeta avec gourmandise sur la courtisane offerte, avide d'épancher la soif ardente qu'il avait des larmes de son corps.

Rome, 20 juin 1676.

Le Cardinal-Prêtre de l'église Saint-Adrien, Decio Azzolino le Jeune, Secrétaire d'État de la Curie romaine, c'est à dire Ministre des Affaires Étrangères du pape, reçut le Baron de Lesparre avec beaucoup de chaleur. On lui avait fait porter la veille un pli de la part de l'Ambassadeur de France, dans lequel celui-ci détaillait la confiance que le Roi de France avait déposée en Charles-Edmond de Saint-Saëns pour travailler à resserrer les liens du Royaume avec le Saint-Siège. Une chaude amitié unissait Le Duc d'Estrées au Cardinal Decio, depuis que celui-ci lui avait permis d'être soigné et guéri par le médecin alchimiste Giuseppe Francesco Borri, emprisonné au Château Saint-Ange sur la rive droite du Tibre en régime de semi-liberté pour ses idées et pratiques jugées subversives aux yeux de l'Église.

Decio Azzolino était un homme puissant à Rome et il était considéré à juste titre comme un 'faiseur de Pape', puisqu'il avait été à l'origine de l'élection de Clément X au Pontificat grâce au lobby actif de son groupe de pression, 'L'Escadron volant'.

Charles-Edmond, en attendant d'être introduit auprès du bras droit du pape, avait pu admirer dans l'antichambre attenante au bureau du Secrétaire d'État le buste majestueux en marbre que le sculpteur Pietro Balestra avait rendu de la personne du prélat au début des années 1670, ainsi qu'un tableau d'un peintre romain du Cardinal-Prêtre revêtu de la pourpre cardinalice, assis à son bureau de travail, où un Christ en Croix baroque côtoyait papiers, encrier et clochette pour sonner ses gens.

- Le Pape Clément X est un homme bien malade qui, à ma grande tristesse, s'apprête sans doute à rejoindre le Royaume des Cieux dans les mois qui viennent. La goutte qui le mine depuis des années est en train d'épuiser jusqu'à ses dernières forces. Il a malgré tout accepté de vous recevoir demain après-midi dans ses appartements privés pendant la séance de travail du sculpteur Bernini qui achève un buste du Souverain Pontife. J'ai bon espoir, connaissant bien cet artiste depuis longtemps, que son œuvre nous conserve intacte pour la postérité la physionomie et toute la bonhomie de notre cher Pape. Je vous prierai donc, Monsieur de Saint-Saëns, dans la mesure du possible, de ne pas trop fatiguer Sa Sainteté.

Le Palais Apostolique, résidence du Pape Clément X, faisait face à la Basilique Saint-Pierre de Rome, où Charles-Edmond s'était rendu deux heures avant l'audience papale pour prier et demander à Dieu son aide dans la mission délicate qui lui avait été confiée. Il ne se sentait pas à la hauteur de si noble tâche. Qui était-il, si ce n'était un petit nobliau de province, et pourquoi l'avoir choisi lui ? Le poids de la responsabilité sur ses épaules l'écrasait. Avant de s'agenouiller et de s'abîmer en prières, il avait passé une bonne demi-heure à visiter la Basilique Saint-Pierre. La construction en croix grecque de l'architecte Donato Bramante l'avait beaucoup impressionné. Il s'était attendu plutôt à une croix latine, et il avait apprécié l'audace et l'originalité du Maître d'œuvre du Pape Jules II. Il avait longuement admiré la *Pietà* de 1499 du jeune Michel-Ange, et le Jésus mort sur les genoux de Marie sa mère lui avait fait penser à son fils aîné disparu, François-Henri. L'espace intérieur de la Basilique organisé par le vieux Michel-Ange quelque cinquante ans plus tard l'avait laissé sidéré et convaincu plus que jamais de l'existence de Dieu.

Lorsque Charles-Edmond entra dans la petite chambre transformée en atelier par Bernini, il trouva le Pape Clément X assoupi sur sa chaise roulante. Le pied gauche très enflé du Souverain Pontife l'empêchait de marcher depuis quelques années déjà, et les médecins qui le saignaient plus que de raison avaient perdu tout espoir de le sauver de la gangrène qui menaçait. D'un doigt sur les lèvres, le sculpteur fit signe au Baron de Lesparre d'avancer et de s'asseoir sur la chaise prévue sans doute pour quelque visiteur de passage du pape octogénaire. Les mains de l'artiste paraissaient animées d'un mouvement propre. Elles virevoltaient avec légèreté autour du bloc de marbre que Bernini entaillait par petites touches en s'aidant en alternance du marteau, de la pointe et du ciseau. Une fine poussière blanche s'accumulait peu à peu à la base du piédestal.

- Aimez-vous Rome, Monsieur le Baron ? chuchota Bernini à l'intention de l'hôte du Saint-Père. L'homme en imposait par sa prestance, ses longs cheveux gris soigneusement peignés et sa petite barbichette qui lui donnait un faux air du Cardinal Mazarin.

- Oui, j'en aime surtout le caractère double et équivoque qu'elle affiche, où le sacré le plus grandiose le dispute au profane le plus abject, lui répondit Charles-Edmond. Je ne m'imaginais point cependant être approché par des femmes publiques désireuses de vanter leurs charmes, lorsque je traversai rien moins que la Place Saint-Pierre !

Le sculpteur, architecte au demeurant de l'espace incriminé, ne put s'empêcher d'étouffer un rire :

- À qui le dites-vous, Monsieur ! Ces dames de petite vertu n'étaient pas prévues non plus dans mes plans de construction, je vous l'assure !

Le Pape Clément X, qui venait de sortir de sa torpeur, se joignit aux débats et ajouta d'une voix aigrelette :

- Vous pouvez bien imaginer, Messieurs, la tête éberluée du moine allemand Martin Luther lorsqu'il visita notre bonne ville de Rome en 1511. Si les putains de la Ville Éternelle d'alors avaient su mieux s'y prendre avec lui, peut-être eussions-nous fait l'économie de cette foutue hérésie protestante !

Et les trois hommes de partir d'un grand éclat de rire.

- Monsieur le Baron de Lesparre, soyez le bienvenu malgré tout, et veuillez excuser l'agressivité de nos belles délurées. C'est que les polissonnes savent bien que les hommes d'Église qui fréquentent ces lieux sont généreux et toujours prêts à tendre la main à une Madeleine Pénitente. Et si ce n'était que la main...

Le Pape manqua de s'étrangler, tellement il rit de sa propre plaisanterie. Charles-Edmond le trouvait fort sympathique et encore très allègre, différent en tout cas du portrait qu'on lui en avait dressé. Derrière l'homme austère de façade, se profilait un joyeux luron qui n'avait pas dû être le dernier à tirer parti en son temps des bienfaits de Rome.

- Si votre Roi vous envoie auprès de moi, c'est qu'il n'ignore point que mes jours sont comptés, et qu'un sablier identique à celui que notre ami Bernini mit dans les mains de la Mort au tombeau de mon glorieux prédécesseur le Pape Alexandre VII, est sur le point de se tarir. Mais je ne lui en tiendrai pas rigueur. C'est de bonne guerre, après tout. Comment va-t-il, notre matamore européen ? Toujours aussi dissipé et coureur de jupons ? Quand donc va-t-il s'assagir et servir enfin l'Église Catholique dont il est le fils chéri ?

Un peu surpris par la question du Pape, Charles-Edmond s'accorda, pour y répondre, un léger temps de répit que mit à profit Bernini pour surenchérir :

- Votre Sainteté ne se trompe pas sur ce point. Je l'ai fréquenté pendant quelque six mois à la Cour du Louvre de 1664 à 1665 où j'allai à l'invitation de Monsieur de Colbert, et il m'était quasi impossible de lui faire maintenir la pose pour le peindre ou le sculpter, tant il papillonnait d'une femme à l'autre en ma présence. Le

Roi Louis XIV n'épargnait point la dignité des maris bernés, et il était en tout point dissemblable de son frère, Monsieur, Philippe de France, seulement intéressé celui-là par les faveurs sodomites de ses Mignons !

Clément X, après son somme, était très en verve, et la conversation continua, portant d'abord pendant près d'une demi-heure sur les vignes de Charles-Edmond, raison que le Saint-Père invoqua pour faire servir à ses invités un excellent petit vin blanc Trebbiano des Abruzzes, sec et velouté, que les trois hommes burent bien frais tout en dégustant de petits pâtés de canard et des confiseries sucrées. Puis, Clément X évoqua l'évangélisation des Jésuites au Nouveau Monde, et Charles-Edmond brossa alors en long et en large la figure de son cadet Nicolas, dont il avait reçu deux longues lettres qui relataient son engagement spirituel et son travail d'encadrement des Indiens Guaranis. Séduit par le portrait qu'en peignait son père, le Pape lui fit une promesse qui n'avait rien de Gascon :

- Mon cher Baron, votre fils Nicolas semble présenter toutes les qualités requises que je cherchais justement en la personne qui doit partir épauler l'action de Monseigneur François de Montmorency-Laval, évêque de Québec. Le Grand Séminaire que celui-ci a fondé est ouvert tant aux colons qu'aux Indiens Hurons, et la connaissance approfondie que le Père Jésuite Nicolas de Saint-Saëns a des Indiens Guaranis lui sera précieuse dans la Vice-Royauté de la Nouvelle-France. Je m'assurerai qu'à son arrivée à Rome, de retour du Paraguay, on lui remette de ma part, si je n'étais déjà plus de ce monde, une missive à porter à mon ami l'Archevêque de Bordeaux Henri de Béthune – né à Rome quand son père était Ambassadeur auprès du Pape Clément VIII de bonne mémoire –, afin que le Père Nicolas puisse passer vous saluer durant quelques jours dans votre baronnie avant de s'embarquer pour l'Amérique du Nord.

Charles-Edmond, un peu abasourdi de la tournure prise par les événements, se rendait mieux compte maintenant de l'importance des contacts humains en diplomatie. Le sort de son fils, qui allait passer d'un point du globe à l'autre, s'était joué sur un simple coup de dés ! Dans quel guêpier s'était-il bien jeté ? Que Dieu m'assiste, murmura-t-il.

Clément X, qui n'hésitait pas à se resservir du vin Trebbiano qu'il paraissait apprécier, était d'excellente humeur et critiquait gentiment son sculpteur qui lui répondait du tac au tac:

- Vous n'allez pas me faire paraître plus pâle que je ne suis ! Sachez traduire la vigueur qui m'habite encore, Maître Bernini, par Dieu ! Je vous enterrerai peut-être bien, vous savez !

- Mais enfin, Votre Sainteté, c'est du marbre ! Je ne peux point représenter la fraîcheur de votre teint et le rose de vos joues !

- Alors assurez-vous que mes yeux soient aussi malicieux qu'ils puissent l'être dans votre matériau !

Enfin, il se tourna vers Charles-Edmond qui suivait en silence d'un œil amusé l'échange vif entre le Maître et son modèle :

- Bon, arrêtons de tourner autour du pot, voulez-vous, Monsieur le Baron ? Votre Roi s'inquiète de qui pourrait bien me succéder sur le Trône de Saint-Pierre. C'est cela, je crois, le but même de votre visite. Je n'aurais pas dû être Pape à la mort de Clément IX. Tout désignait le Cardinal-Prêtre de Sant' Onofrio, mon collègue et ami Benedetto Odescalchi, celui que l'on appelle à juste titre 'le Père des Pauvres' pour son dévouement envers les plus démunis. Seul le Droit d'Exclusion invoqué par le Roi de France qui lui permettait de réfuter un candidat, barra la route du pontificat lors de la tenue du conclave à ce prélat d'exception. Après le conflit de la régale qui a rafraîchi nos relations ces dernières années, je me doute bien que Louis XIV veut mettre une fois encore son nez dans les affaires de l'Église. Je crois que ce serait une erreur de sa part que de vouloir orienter le vote. Les Pères du conclave n'ont pas oublié l'élection précédente, et ils sont très sensibles. Ils n'aiment pas qu'on leur impose un candidat. Pour la grande majorité d'entre eux, ce sera le tour du Cardinal-Prêtre Benedetto Odescalchi. Il a le petit peuple de Rome avec lui, les conservateurs qui rêvent d'une réforme de la Curie l'appuient, et, ne serait-ce que pour aller à l'encontre des désirs du Roi de France, ils voteront tous pour lui. Voici plutôt ce que je conseille à Louis, mon fils en l'Église :

- qu'il anticipe l'élection d'Odescalchi et que, loin de la combattre, il l'encourage. Le Cardinal-Prêtre est un homme jeune encore, il n'a que soixante-six ans. Il sera Pape probablement pendant de longues années. Le Roi de France peut-il se permettre de s'aliéner Rome pendant quinze ou vingt ans ?
- qu'il accompagne l'action réformatrice du prélat dans son propre royaume. Le Jansénisme a fait beaucoup de mal, et l'Édit de Nantes de 1598 du Roi Henri IV et les privilèges qu'il donnait aux Huguenots nous sont toujours restés en travers de la gorge. De plus, les Turcs se pressent aux portes de l'Europe. Il est grand temps que le Roi de France Louis XIV se range aux côtés du Pape à venir.
- Et enfin, sans qu'il renonce à toutes ses turpitudes, je suis sûr qu'un peu plus de tenue et de discrétion, un peu

plus de respect envers le Sacrement du Mariage qu'il bafoue jour après jour, pourraient permettre à Louis de rentrer dans le sein de l'Église sans trop de peine. Il a quarante-trois ans, ce n'est plus un gamin, que Diable ! Allez donc lui dire, Monsieur, que je prie pour le Salut de son âme et que j'intercéderai en sa faveur auprès de l'Immaculée et de son fils, Notre Seigneur, une fois arrivé aux Cieux!

Le Baron de Lesparre se retira après avoir baisé l'anneau papal, demandé et reçu sa bénédiction pour lui et tous les siens. Il savait qu'il ne reverrait sans doute plus vivant le Pape Clément X, et il se réjouissait de l'avoir connu. Il avait beaucoup appris depuis son arrivée à Rome, et il lui fallait encore rencontrer quelques personnes de premier plan avant que de ne pouvoir écrire au Roi et le conseiller de manière appropriée. Il se rappela Jacques de Saint-Saëns et les missions que François 1er lui avait confiées. Il comprenait maintenant la fierté que son ancêtre en avait ressentie. Et puis il aurait tant de choses à raconter à Émilie quand il la retrouverait. Sans doute le trouverait-elle changé. Il avait pris de l'épaisseur. Il se sentait plus mûr, plus responsable. Il percevait mieux sa place dans l'univers. L'avenir ne l'inquiétait plus. Il saurait le construire. Avec elle.

Rome, 4 juillet 1676.

Charles-Edmond poursuivait jour après jour ses consultations, rencontrant les Cardinaux que lui indiquaient tant l'Ambassadeur de France que le Secrétaire d'État de la Curie. La santé du Pape Clément X avait empiré au début du mois de juillet, et ce n'était plus manifestement qu'une question de semaines avant qu'il ne passât de vie à trépas. La ville de Rome semblait en totale effervescence. À l'évidence, certains prélats de l'administration des États Pontificaux s'apprêtaient à partir pour laisser la place à d'autres qui, planifiant une arrivée prochaine dans les allées du pouvoir, rongeaient leur frein dans les auberges dont toutes les chambres avaient été prises d'assaut. Les fidèles de passage venus en pèlerinage se rassemblaient sur la Place Saint-Pierre et priaient de longues heures pour le Salut du Saint-

Père. Les marchands de reliques, vraies ou fausses, exposaient leurs trophées ; les filles de joie lorgnaient leurs clients potentiels et tentaient de les entraîner dans le péché d'un clin d'œil aguichant. Le Baron de Lesparre n'était déjà plus un inconnu au sein de la Curie, et on le saluait sur son passage en chuchotant d'un air entendu. Il était après tout l'envoyé du Roi de France, et avec cet énergumène de Louis XIV, se disaient les cardinaux, il valait mieux se préparer à tout.

Charles-Edmond de Saint-Saëns avait bien compris que le rejet de l'interventionnisme tant français qu'espagnol ferait une fois encore le jeu du Cardinal-Prêtre Decio Azzolino et de l'Escadron volant de prêtres à sa solde qui oeuvraient en coulisses pour que le prochain conclave élût un pape italien sorti du sérail. Le Baron déjeuna plusieurs fois avec le Secrétaire d'État à son invitation. Il l'écoutait avec moult attention et prenait note mentalement de ses propos. Le prélat était connu pour être un mécène des Arts et des Lettres, et Charles-Edmond l'accompagna un après-midi au domicile de la Reine Christine qui avait renoncé à son trône de Suède en 1654 pour se convertir au Catholicisme et venir se réfugier à Rome. Elle vivait au-delà du Tibre, dans le somptueux Palais connu sous le nom de *Riario alla Lungara*. Elle y tenait salon et recevait des artistes qu'elle patronnait généreusement. Le sculpteur Bernini, qu'elle adorait, s'y trouvait ce jour-là et fut heureux de saluer de nouveau Charles-Edmond de Saint-Saëns. Il prit d'ailleurs sur lui de le présenter à la Reine, qui, assise dans son fauteuil, le regardait en silence. Celle-ci mit quelque peu mal à l'aise le Baron de Lesparre qui se sentait littéralement scruté par la femme au regard bleu acier. Ils échangèrent des mondanités courtoises, puis assistèrent à un concert du violoniste Arcangelo Corelli et de son orchestre à cordes. Quand les invités se retirèrent les uns après les autres, la Reine Christine retint Charles-Edmond par le bras :

- Restez, Monsieur, voulez-vous ? Vous partagerez mon souper.

Christine allait avoir cinquante ans en décembre. Sans être belle, plutôt garçonne, elle avait encore de l'allure. On lui prêtait des amants et même des maîtresses qu'elle assumait avec une grande liberté de ton. Elle avait toujours refusé de se marier, ce qui avait joué contre elle en Suède pour des raisons de survie dynastique. Animée d'une foi ardente, elle n'avait pas hésité à abandonner la religion luthérienne de son père, héros du Protestantisme, pour se convertir au Catholicisme. Les papes et la Curie craignaient ses extravagances mais les toléraient, car elle était très populaire en raison de son patronage dispendieux et de sa charité sans limites envers le petit peuple de Rome. C'était une légende vivante, peut-être même une future sainte. À ce titre, elle méritait le respect. Le Cardinal-Prêtre Decio Azzelino était son plus grand ami, et il appréciait son conseil.

On leur servit une assiette de soupe avec du pain, du vin rosé de Florence et du fromage de Lombardie. Ils mangèrent assis l'un en face de l'autre dans un petit salon éclairé par un grand lustre de chandelles.

- Vous êtes bien silencieux, Baron, lui demanda la Reine Christine, après avoir vidé son verre et s'être essuyée les lèvres de sa serviette.

- 'Tout le malheur des hommes vient d'une seule chose', disait Monsieur de Pascal dans ses *Pensées sur la religion et autres sujets*...

- '...qui est de ne savoir pas demeurer en repos dans une chambre' ! Je les ai dévorées dans la première édition de 1669 !

- Vous aimez lire, Madame, à ce que je vois. Votre très riche bibliothèque est proprement magnifique.

La Reine Christine sourit du compliment :

- 'La lecture de tous les bons livres est comme une conversation avec les plus honnêtes gens des siècles passés', aimait à dire mon ami, le philosophe René Descartes, dans son *Discours de la méthode* de 1637. Il a été mon tuteur en Suède pendant quelques mois en 1649, et je me souviens encore avec beaucoup de mélancolie de nos entretiens à l'aube dans mes appartements gelés. Je crois bien d'ailleurs que ce fut ce damné froid suédois qui eut raison de lui en février de l'année suivante. Toujours est-il que j'ai été beaucoup marquée par sa philosophie et par sa vision du monde.

Les deux érudits continuèrent à éprouver leurs connaissances respectives en un feu de questions plus savantes les unes que les autres. Ils s'amusaient de leurs hésitations réciproques. La Reine Christine, à l'évidence, était très cultivée et avait voyagé par monts et par vaux ; quant à Charles-Edmond, il avait beaucoup lu et ne manquait point de répondant. L'hôtesse invita le Baron Charles-Edmond à s'asseoir dans un fauteuil à ses côtés devant la cheminée de maître dans l'âtre de laquelle on avait allumé un feu de bois de belles proportions. Elle lui narra les grandes étapes de sa vie aventureuse. Il s'excusa de ce que la sienne ait été plus tranquille, mais il lui conta avec orgueil l'histoire de Jacob Saenz, son ancêtre juif catalan. Elle admirait ses yeux qui brillaient d'une joie intense à l'évocation des siens. Elle avait envie de lui, et lui prit la main pendant qu'il parlait.

Quand il l'incita à lui dire ce qu'elle pensait du Cardinal Benedetto Odescalchi, elle ne lui tint point un discours de circonstance :

- Je ne vous cacherai pas, Baron, que s'il advenait qu'il fût élu Pape, ce ne serait point une partie de plaisir pour le Roi de France. Benedetto est un homme droit, exigeant, d'une grande rigueur morale, et très attaché à l'indépendance de l'Église. Il ferait respecter ses privilèges quoi qu'il dût en coûter, soyez-en sûr ! Mais en même temps, c'est un fin politique et un grand diplomate. Il chercherait l'alliance avec la Couronne de France contre les Habsbourg d'Espagne. Il n'hésiterait pas à pactiser même avec les Protestants, si leur aide pouvait lui être utile, contre le Turc par exemple ! Je crois qu'à tout prendre, il vaudrait mieux pour Louis avoir un ami pas toujours facile sur le Trône de Saint-Pierre qu'un ennemi fourbe et faux. Dans votre rapport, Baron, vous pouvez dire de plus au Roi de France que la Reine de Suède le salue bien et le remercie des égards qu'il lui a prodigués par le passé lors de son séjour en

France. Que mon cousin Louis se garde bien d'oublier qu'il tient en moi une alliée précieuse à Rome !

Charles-Edmond restait coi, se bornant à contempler les flammes qui léchaient les parois de la cheminée, tout en écoutant la Reine Christine le conforter dans l'idée que le Cardinal Benedetto Odescalchi serait un bon choix pour le Royaume de France. Tous les éléments du puzzle qu'il était en train de construire se mettaient en place progressivement. Il ne remarqua pas qu'à son tour elle s'était tue et qu'elle se penchait vers lui. Elle attira sa tête de la main vers elle et elle l'embrassa sur les lèvres d'un baiser avide, lui dévorant la bouche. Quand elle l'entraîna sur le tapis devant l'âtre, il hésita un instant :

- Mais, Madame, vos gens ? Que vont-ils en penser ?

Elle rit et, soulevant ses jupes pour s'asseoir sur lui, lui répondit tout en commençant à le déboutonner :

- Ne vous en faites pas pour eux, Baron ! Ils en ont vu d'autres ! Allez, Monsieur ! Conduisez-vous en Gentilhomme maintenant, et enseignez à la Reine de

Suède, sans la faire languir plus avant, quels sont les usages de France en matière de nuit galante !

Versailles, 31 juillet 1676.

Louis et Émilie avaient chevauché de concert cet après-midi-là sur de petits chemins forestiers, trottinant plus qu'à l'accoutumée. Elle le sentait préoccupé et absent. Une grande ligne barrait son front altier qu'elle aimait tant couvrir de baisers.

- Louis, qu'est-ce qui ne va pas ? Parlez-moi, Monsieur mon Roi, dit-elle en posant doucement sa main sur la sienne. Il arrêta son cheval et la regarda avec une grande tendresse :

- Émilie, on vient de m'apprendre ce matin que le Pape Clément X était mort le 21 juillet dernier, et je dois prendre une décision qui pourrait avoir des conséquences très graves à long terme sur l'avenir de l'Europe chrétienne et de mon royaume. Je peux soit intervenir pour diriger l'élection, comme le droit me le permet, soit laisser faire, au risque de me retrouver grugé. Il se trouve que le Baron de Lesparre, ton époux, a accompli, selon les dires de mon Ambassadeur près le Saint-Siège, un excellent travail d'écoute sur le terrain et a su défendre la position française auprès de tous les acteurs locaux et internationaux en poste. Il a de réels talents de diplomate, tu sais, ton mari ! Il m'a écrit, à la suite de cela, une longue lettre circonstanciée, dans laquelle il me propose comme meilleur candidat le Cardinal que j'avais écarté lors de l'élection papale précédente. J'aurais plutôt tendance à continuer d'empêcher cet homme de prendre le pouvoir à Rome, mais je dois dire que j'ai été ébranlé par les arguments solides que le Baron a mis en avant pour que j'appuie son élection au lieu de la contrarier. J'ai sa lettre sur moi, tu veux que je te la lise ? Elle est écrite en latin…

- Louis, je le parle et l'écris couramment !, dit-elle en riant. Crois-tu, parce que je viens de Guyenne, que je n'ai point de culture ? Je suis la fille spirituelle d'Aliénor d'Aquitaine et de Marguerite de Navarre, sache-le bien. Méchant que vous êtes, Monsieur, donnez-moi cette lettre !

Le Roi rit de sa répartie et lui tendit la missive qu'elle prit le temps de lire et de relire pendant cinq longues minutes. Louis XIV, dont la patience n'était pas la principale des vertus, commençait à s'agiter sur sa selle :

- Alors, qu'est-ce que tu en penses, ma douce ?

- Avec tout le respect que je dois à mon Roi, je suis d'avis qu'il devrait écouter son serviteur, le Baron Charles-Edmond de Saint-Saëns. Louis, tu n'as rien à perdre à aller dans le sens du courant cette fois-ci. Tout semble indiquer que le Cardinal Benedetto que mentionne mon époux va être élu, que tu le veuilles ou non. Pourquoi ne pas donner l'impression que tu favorises son élection et t'en faire un ami du même coup ? Dans le cas contraire, tu paraîtras obstiné, voire borné, et tu te prépareras des lendemains d'élection difficiles. Mon choix serait vite fait... *Habemus papam*, Louis !

Le Roi sourit en rangeant la lettre dans la poche de son pourpoint et invita la jeune femme à galoper à ses côtés :

- Viens, allons au Pavillon de Chasse maintenant. J'ai une surprise pour toi. Le dernier arrivé déshabille l'autre, dit-il en riant et en emballant son coursier.
- Tu as intérêt à m'obéir quand tu le feras, répondit-elle en fouettant son cheval qui se jeta en avant.

Elle l'attendit sagement près de la porte d'entrée du Pavillon et accepta sa main pour descendre de cheval quand il arriva, tout penaud en apparence, mais ravi au fond d'avoir perdu le gage d'amour. Ils s'aimèrent avec ardeur, comme deux amants désireux de satisfaire l'autre avant soi-même. Ils s'endormirent ensuite dans les bras l'un de l'autre, épuisés et hagards de passion. Quand Émilie se réveilla, la nuit était tombée. Louis avait allumé les chandelles et, couché à son côté, il la contemplait en silence :
- Émilie, ma tendre aimée, je pars demain au front dans les Pays-Bas. Le moment est venu de nous dire adieu. Ton mari va rentrer de sa mission à Rome…
La jeune femme le regarda sans mots dire et une grosse larme coula de son œil gauche :

- Tu me manqueras, tu sais, mon Roi. Tu m'auras rendue très heureuse. Embrasse mes seins encore une fois, que je me souvienne de tes morsures, Louis.

Elle se donna farouchement, et le chevaucha comme elle l'eût fait de son meilleur coursier, amazone haletante et triste de perdre son amant. Quand il vint en elle, elle l'embrassa tendrement à la commissure des lèvres et lui murmura à l'oreille :

- Louis, mon Louis, j'emporte ton enfant avec moi. Je suis enceinte de deux mois.

Il lui sourit :

- Mon bâtard...

Elle lui rétorqua avec une franche détermination :

- Non, Monsieur, mon fils ne sera point bâtard. Il a un père, mon mari, le Baron Charles-Edmond de Saint-Saëns. Mais tu peux être gentil avec lui et veiller sur lui de loin, si tu veux te montrer paternel et reconnaissant.

Elle fronça les sourcils quand il lui répondit gravement :

- Non, Madame...

Puis il enchaîna, riant de l'avoir troublée l'espace d'un instant :

- Son père n'est pas le Baron de Saint-Saëns, mais le Vicomte de Saint-Saëns ! Anticipant ton jugement favorable, je m'étais déjà rallié à la proposition de ton époux qui me paraissait sage et porteuse pour le Royaume de France. J'ai donc envoyé à mon Ambassadeur près le Saint-Siège, les lettres signées de ma main et portant mon sceau, qui font de ton cher époux le Vicomte de Lomagne, dont les terres appartenaient au domaine royal. Elles seront désormais les vôtres, et je m'assurerai que ton fils jouisse toujours de mon vivant de la protection royale. Ainsi te souviendras-tu, Émilie, de ton Roi qui t'aima. Tu vas me manquer...

Elle se mit à rire, le bourrant de petits coups de poing :

- Gros menteur ! Dans moins d'une semaine, tu m'auras déjà remplacée dans ton lit si ce n'est dans ton cœur ! Pour te faire pardonner, j'ai, moi, une faveur à te demander.

Il savait bien qu'elle avait raison et rit à son tour:

- Je ne saurais rien te refuser, ma divine. Que puis-je faire encore pour vous plaire, Madame la Vicomtesse ?

- Achète le produit de mes vignes chaque année à partir de maintenant, mon Roi, pour la Cour et tes fêtes dans l'Appartement. C'est un beau vin vermeil, dont la robe et le velouté enchanteront ton palais. Désigne-le Vin du Roi. Ainsi, chaque fois que tu en boiras pendant que tu joueras au billard et qu'il te faudra courir te soulager aux commodités, tu te souviendras de moi et de comment tu m'as séduite sur la chaise percée, malotru ! J'ai eu des bleus sur les fesses pendant plus de quinze jours ! Mais avant cela, viens dire adieu à ton fils. Il sera grand, fort et beau comme toi, Monsieur mon Roi. Viens, mon Louis, viens, prends-moi une toute dernière fois...

Civrac, 30 août 1676.

Escortée de Versailles à Civrac par des Gardes Gentilshommes du Roi, Émilie regagna ses pénates en Guyenne à la fin du mois de juillet. Elle s'était faite à l'idée d'avoir dû abandonner son royal amant : elle savait bien que leur liaison ne pourrait durer au-delà de la mission de son époux, et puis son Apollon s'était montré généreux au-delà de ses espérances. Il avait alloué une rente de trois mille ducats annuels à l'enfant que portait Émilie à partir de sa naissance. Le Roi avait seulement demandé qu'il s'appelât Louis si c'était un garçon et Louise si c'était une fille. La Vicomtesse se souviendrait sa vie durant d'avoir été la maîtresse du Roi de France, et son fils qui grandirait lui rappellerait l'homme qui l'avait aimée et avait joui pleinement et gloutonnement de son corps.

À son arrivée, elle réunit tout son personnel et leur annonça la bonne nouvelle, à savoir que leur cépage avait été nommé Vin du Roi par Sa Majesté elle-même en remerciements des services rendus tant par François-Henri tombé en héros au combat que par Charles-Edmond, dont la brillante mission diplomatique à Rome allait influer grandement sur la sécurité du Royaume de France et sur le respect envers la religion catholique en Europe. Une salve de hourras et d'applaudissements salua ses paroles. Le Curé de Civrac vint officier une messe solennelle dans la chapelle, puis Émilie offrit un grand banquet dans la cour du château par un beau soleil d'été. Le mois d'août s'annonçait sous les meilleurs auspices. Ce fut avec un enthousiasme renouvelé et le cœur à l'ouvrage qu'ils se mirent tous dès le lendemain à préparer la vigne pour les vendanges de septembre.

Avant de quitter la Ville Éternelle, Charles-Edmond fut reçu par l'Ambassadeur de France qui le fit Vicomte de Lomagne au cours d'une cérémonie où assistèrent le Secrétaire d'État du Pape Decio Azzelino, la Reine Christine de Suède, le sculpteur Bernini, et le Jardinier du Roi André Le Nôtre, en plus de la communauté diplomatique et d'un petit groupe de Français parmi les plus influents à Rome. Tous le félicitèrent chaleureusement et la Reine Christine lui souffla à l'oreille de venir dîner avec elle ce soir-là au *Riario* pour fêter son anoblissement comme il se devait.

Le Cardinal Benedetto, qui s'apprêtait à entrer en conclave avec ses collègues cardinaux, s'en vint le saluer personnellement dans ses appartements du Palais Farnèse le lendemain après-midi et le remercia vivement. Il ne faisait plus de doute à ses yeux qu'il allait être Pape, et il se réjouissait de le devenir avec l'appui de la France, grâce aux bons soins du Vicomte de Lomagne. Charles-Edmond lui demanda en retour deux faveurs : qu'il bénît son union avec son épouse Émilie, et qu'il se montrât tolérant envers les Juifs des États Pontificaux et abolît les conversions forcées et les brimades physiques à l'encontre de la communauté juive. Le Cardinal Benedetto lui promit de prendre sa requête en compte, et il le bénit, lui et tous les siens.

Quand Charles-Edmond quitta Rome vers la fin du mois d'août, il partit avec le sentiment du devoir accompli. Non seulement avait-il satisfait les désirs du Roi de France, mais sa vie avait changé. Le voyage, les rencontres, son aventure avec la Reine Christine lui avaient ouvert l'esprit, et il se sentait rajeuni. Il voulait vivre, et vivre longtemps aux côtés de son Émilie. Il entassa dans sa calèche ses malles de livres, de reliques et de tableaux achetés dans son temps libre, y ajouta la sculpture que lui avait donnée son ami Bernini, et la nature morte suédoise, cadeau de sa Reine des Neiges, avant de donner les directives à son cocher pour le voyage de retour. Accompagné d'un seul garde détaché à son service par l'Ambassadeur de France qui lui était infiniment reconnaissant, il rentra au galop à travers champs et forêts du Nord de l'Italie et du Sud de la France pour rallier ses terres au plus vite et y retrouver sa belle.

Quand il passa enfin le poste de garde de son château, il l'aperçut qui donnait des ordres à quelques servantes occupées aux soins de la basse-cour. Il la vit de dos, ses longs cheveux blonds flottant librement sur ses épaules, et il la trouva belle et désirable. Il sauta de cheval et se précipita vers elle :

- Émilie !

Elle reconnut sa voix, et se figea. Elle se retourna et put à peine prononcer son nom :

- Oh, Charles-Edmond, enfin vous voilà ! Que notre séparation m'a paru longue !

Il l'a serra longuement dans ses bras et se rendit compte alors qu'elle était enceinte de quelques mois.

- Madame, quelle n'est pas ma surprise que de vous voir dans cet état ! Ne serait-ce point encore une opération du Saint-Esprit ?
Elle baissa la tête et rougit. Il la prit par le bras et lui proposa de marcher comme si de rien n'était, pour ne point attirer les regards de leurs gens. Il reprit :
- Eh bien, ma chère, si cet enfant n'est point de moi, de qui peut-il bien être ?
- Du Roi, Monsieur. Il m'a prise de force et je ne pouvais lui refuser son bon plaisir. C'eût été me condamner et vous condamner par la même occasion. J'en suis désolée, vraiment. Je n'ai ni voulu, ni cherché cela. M'allez-vous répudier ? Je partirais sur le champ, si tel était votre souhait, et regagnerais la maison de mon père à Bordeaux pour y élever seule mon enfant. Les apparences seraient sauves, et vous n'auriez pas à souffrir de mes écarts de conduite...

Charles-Edmond ne lui répondit pas tout de suite. Il comprenait maintenant le pourquoi de son éloignement subit de la Cour : le Roi s'était débarrassé du mari pour mieux séduire l'épouse ! Et lui qui pensait qu'il l'avait choisi car il avait apprécié ses qualités ! Mais en même temps, force lui était de constater qu'il était sorti grand gagnant de son aventure romaine... Il la sentit tendue et suspendue à ses lèvres. Il ne la fit pas attendre plus longtemps :

- Non, Madame, telle n'est point mon intention. Je ne vous dirai pas non plus comme le Sganarelle de ce cher Monsieur de Molière : 'Ah ! Truande, as-tu bien le courage/De m'avoir fait cocu dans la fleur de mon âge !', car il est des situations qui, je crois, nous dépassent. Vous n'avez point voulu trahir vos vœux, et ce n'est que contrainte et forcée que vous avez succombé. Le plaisir obsessionnel du Roi ne fait pas toujours bon ménage avec la morale chrétienne qui nous est chère. Et puis, je veux voir en vos malheurs le doigt de Dieu : le Roi m'a pris un fils, il était juste qu'il m'en rendît un !

Elle lui fit part de la rente qui serait allouée à leur enfant, et du prénom qu'il devrait porter. Il l'en félicita :

- Vous avez manœuvré avec finesse, Madame, pour tirer le meilleur parti de la situation difficile dans laquelle vous vous trouviez. Grâce à vous, nous voici soudain honorés de la faveur royale. Votre enfant, notre fils – car qui oserait prétendre devant moi que je ne suis point son père ? –, jouira d'une protection additionnelle et de privilèges que vous enlevâtes de haute lutte. Votre chemin de croix, je n'irai pas jusqu'à dire votre martyre, m'aura valu un très instructif voyage à Rome, où j'obtins de pas moins de deux Papes la bénédiction de notre union devant Dieu, et le titre de Vicomte de Lomagne sur de nouvelles et riches terres.

La jeune femme pleurait maintenant toutes les larmes de son corps. Il s'arrêta pour la reprendre dans ses bras et l'embrasser passionnément. Il l'aimait et ne la perdrait plus :

- Séchez vos larmes, Madame, ou bien qu'elles ne soient que la manifestation de votre joie pour fêter mon retour. Si vous le voulez bien, nous nous rendrons en pèlerinage à Notre Dame de Grâce à Rochefort en Languedoc, rattachée au diocèse d'Avignon, et nous demanderons pardon à Dieu, moi de vous avoir par trop négligée, et vous d'être tombée dans le péché à cause de ma faiblesse. À notre retour, nous ferons les travaux jusqu'à maintenant toujours repoussés sur la chapelle du château. Cela vous paraît-il un projet raisonnable, ma mie ?

Le nez rouge et les yeux larmoyants, Émilie acquiesça de la tête. Charles-Edmond continua sur sa lancée :

- Puis nous nous consacrerons à développer ensemble notre vignoble. Il me sied de penser que, grâce à vous, Madame, notre vin vermeil sera servi à la table du Roi de France au Petit Couvert et Grand Couvert, et dans l'Appartement où je me flatte d'avoir gagné une petite fortune le soir où nous fûmes invités. Ceci, après tout, compensera cela.

Émilie, pendue à son bras, souriait maintenant et le regardait avec des yeux éperdus de reconnaissance. Il s'en rendit compte et l'embrassa tendrement sur le front :

- Allons, Madame, nous allons marcher un peu hors les murs. Je voudrais vous enseigner les améliorations que je souhaite apporter à nos jardins. Peut-être pourrions-nous envisager des jardins à la française plutôt qu'à l'italienne. Vous me direz si l'idée vous plait, et je ferai appel alors à mon ami André Le Nôtre, Jardinier du Roi, pour qu'il les dessine. Il viendra sûrement. À notre Petit Louis en chemin, il faut un Petit Versailles !

Ils montèrent sur un promontoire qui leur donnait une vue imprenable sur tout leur vignoble. Charles-Edmond, lyrique et heureux, ne put s'empêcher de s'exclamer :

- Mais que notre vigne est belle! Voyez comment nos journaliers s'activent déjà entre les rangs ! Voici venir le temps des vendanges. J'ai le pressentiment que la récolte sera vraiment exceptionnelle cette année !

Émilie applaudit de joie, rassurée sur son sort et celui de son petit dont elle sentait les coups de pied, signes de vie. Charles-Edmond la prit par l'épaule et lui releva une mèche de cheveux rebelle :

- Oui, ma Vicomtesse, riez, mais riez donc ! Je ne veux plus de deuil ni de pleurs dans ma maison, que des rires à partir d'aujourd'hui !

Il lui caressa tendrement son petit ventre. Il allait aimer cet enfant, et peu lui importait du reste :

- Émilie, vous ai-je déjà dit que votre embonpoint naissant vous allait à merveille ?

Zeitfracht Medien GmbH
Ferdinand-Jühlke-Straße 7
99095 Erfurt, Deutschland
produktsicherheit@kolibri360.de